LOCUS

LOCUS

LOCUS

LOCUS

Smile, please

smile 113
醫師媽媽這樣教孩子

作者：洪淑娟
責任編輯：心岱、繆沛倫
美術編輯：何萍萍
封面設計：蔡怡欣
作者攝影：呂懿婷
校對：呂佳真
法律顧問：全理法律事務所董安丹律師
出版者：大塊文化出版股份有限公司
台北市105南京東路四段25號11樓
www.locuspublishing.com

讀者服務專線：0800-006689
TEL：(02) 87123898　FAX：(02) 87123897
郵撥帳號：18955675　戶名：大塊文化出版股份有限公司

總經銷：大和書報圖書股份有限公司
地址：新北市新莊區五工五路2號
TEL：(02) 89902588 (代表號)　　FAX：(02)22901658

初版一刷：2013年5月
二版二刷：2013年8月
定價：新台幣280元
ISBN 978-986-213-440-5
Printed in Taiwan

醫師媽媽這樣教孩子 / 洪淑娟著.
-- 初版. -- 臺北市 : 大塊文化, 2013.05
面 ;　公分. -- (Smile ; 113)
ISBN 978-986-213-440-5(平裝)

1.親職教育 2.子女教育

528.2　　102007324

醫師媽媽這樣教孩子

洪淑娟醫師 著

獻給

天下所有的阿嬤

媽媽

婆婆

推薦序　向虎媽嗆聲的女人

前衛生署長　葉金川

「向虎媽的戰歌嗆聲的女人」？如果我沒看到這本新書的書名，如果我是總編輯，我下的書名一定是如此，不須要太多的考慮。要我寫序？一塊蛋糕，本來我是如此輕鬆的以為。看到書稿，才趕緊後悔，問洪大醫師我能否後悔，或只想寫登山的部分。養兒育女對我是不堪回首的一段經歷，看到書，我只有慚愧和遺憾，也不得不讓我回想起天鈞小時候與我的互動。

他與媽媽、衛生署同仁等一大群人到烏來福山健行並住宿民宿，看著電視大叫爸爸，的確，他認得的爸爸在電視中出現比在家裡出現的機率高多了。他接受兩性教育非常成功，有一天，他從身上比著一把一把往我身上丟，問他要幹嗎？他說要把他身上一半來自我的細胞還給我。

還好，我兒子自己找到他的出路，他的生活重心在教會，學校和家庭好像是次要的。我受邀到教會聽他牧師佈道，也去看他參與的一些教會活動，他演話劇，玩音樂。我放心的把他交給上帝，老實說，不放心似乎也沒什麼其他選擇。有一天，他向我開示，一個小孩如果不偷不搶、不吸毒、不犯法，每天回家手腳健在，就是好孩子。我頓悟，小孩長大了，成熟了，有獨立自主的渴望和需求，我放手，毫不猶豫。

這就是我養兒育女唯一的心得，看到洪醫師的大作，除了慚愧，無言以對。幸好我三個兒子都像天鈞說的，不偷不搶，就學、成家，有正當工作，過平凡的日子。這是不是我對兒女的期望，那不重要。小兒子對我的開示如雷貫耳，那是他們自己的選擇，他們自己的生活，老爸不負責任，似乎也不必那麼內咎。

不談兒女經了，哪壺不開，少提哪壺，以免自曝其短，自取其辱。

談到登山，洪醫師追求完美的戰鬥性格也像養兒育女一樣發揮得淋漓盡致。一般說來，要有鋼鐵般的意志力，才能完登百岳。國內女性完登百岳可能不到百人，但洪醫師與這些完成百岳的女山友們的格局與見解截然不同，雖然在體力與登山的基本常識上，她遠不如山友們，但她可能已經改寫了台灣登山歷史，以她自己獨特的方式。

完登百岳，大多數人不經意的透露大男人、女強人的心態，與山共舞的姿勢像極了凱撒：「我來，我看，我征服。」但，洪醫師完登百岳的心路歷程在書中有明白的交代，讀者可以從書中文字間自己領會。她如何從一嬌滴滴的貴婦，轉化成山林的一環，溶入大自然的色彩、音符與氣氛，其實我也不太懂，這也不易明示，但作者書中似乎已經有所交代。

寫序，我經常為之，但對這本書寫序，是不自量力，讀者還是自個兒細細品味書中作者想傳遞的信息吧！

推薦序　獨立、堅強的傑出母親

台灣金融研訓院董事長　許嘉楝

洪醫師囑我為其新書寫序，這可難倒我了。在自己兒女的小時候及求學期間，我除了會帶他們出外遊玩，以及當兒女受到母親責罵時扮演「白臉」角色，幫他們緩頰之外，我與洪醫師在此書中所描述她的「天兵先生」許金川醫師（以下簡稱「許Ｐ」）一樣，極少參與兒女的教養與學校事務，對這本以談論如何教養兒女為主軸的書，洪醫師究竟期待我寫些什麼呢？

我與許Ｐ為台南一中高中「許家班」的同學（當年台南一中以學生

姓氏筆畫編班，故同班有許多許姓同學），不巧台南市又是「大男人主義」嚴重的城市，所以我自忖難不成洪醫師藉邀我寫序為由，要我好好的閱讀此書，然後期待我在感動思過之餘，代表不知「惜妻教子」的「許家班」，向眾「賢妻良母」寫篇悔過書？

我與許P不只曾是高中同學，根據內人的考證，我們這一對以及許P、洪醫師這一對，還是在一九七六年同一天結婚的；而且同樣育有二兒一女，順序同為男、女、男。由於兩家小孩同在台北市仁愛國小就讀，好久好久以前就聽聞洪醫師對兒女教育非常注重，而且其兒女在學業與才藝等方面也都有極其優異的表現。洪醫師在二〇一一年出版的《母愛的權限——家有三個資優生的教養筆記》書中，對其自身成長、努力向上之艱辛過程，以及如何成功教導其家中三位資優生、如何與三位令其滿意、自豪的兒女互動等，有極詳細、生動的描述。在兩年後的今日，再完成、出版此書，主要在針對前書未竟、遺漏之處，以及近幾年兒女的新發展，作重要的增補與陳述。全書依然充滿洪醫師的正向思考、奮發向上活力，以及對兒女的無盡關懷與無私付出；而且文筆生動、內容精采依舊。

所有認識洪醫師的朋友，都知道洪醫師是個極具獨立能力、相當堅強、做任何事都十分認真投入，表現不願落於人後的傑出女性。這些個性部分根植於她在成長過程中經歷種種逆境；部分來自於許P全神投注於肝病防治工作，無暇兼顧家庭，故洪醫師對家庭與事業等內外事務全都得一肩承擔、一手打理。所幸，洪醫師能力與時間分配效率奇高（本書中她自詡為「千手觀音」），不僅教養兒女與自身的牙醫事業等都打理得很好，且常藉登山、參禪等紓壓活動，讓自己身心得到充分的調劑與平衡。

洪醫師在本書及前書的字裡行間，雖然偶爾不免對許P的無暇兼顧家小表達一些牢騷，但常言「上醫醫『國』」，許P不捨晝夜、以公害私，以防治茶毒國人的「國病」肝病為職志，確實做出了不少貢獻，廣受國人的推崇與感激，我知道洪醫師及兒女在內心裡還是時以許P這位先生與父親為榮的。至少，在對兒女的教養方面，洪醫師少了許P的「掣肘」，可免於夫妻對教養方式因意見不同而產生摩擦，甚至爭吵（我與內人即經常會有此類爭吵），而可盡依自己的意思予以調教。

獨自教養兒女的辛苦歷程已順利、成功走過；自己的牙醫事業，也有相當成就。回首來時路，雖感過程艱辛，相信洪醫師對這些成果必是相當滿意、自豪的！值此二〇一三年母親節即將到來前夕，謹藉此序向洪醫師這位獨立、堅強、認真、努力的傑出女性與母親致敬！

推薦序　以鼓勵幫助孩子成長

臺大管理學院前院長、中華經濟研究院前董事長　柯承恩

洪淑娟醫師是知名的牙醫師，朋友與病友們都知道她的醫術高明，只是不太清楚這麼優秀忙碌醫師她怎麼照顧孩子。看了這本書的初稿後才深受感動，原來這麼能幹的醫師更是一位偉大的母親。她沒有因為對工作的熱愛而犧牲對孩子的培養，特別是她的女兒還有先天的身體障礙。在洪醫師堅持與鼓勵下，女兒走出先天的障礙，獲得了雙主修的物理化學博士，還是位傑出的鋼琴家。不只是女兒，洪醫師的兒子也是從小成績優異，洪醫師放棄兒子進建國中學資優班的機會，讓孩子進入樂團，

學習音樂與團隊生活，給孩子快樂成長的機會，後來也成為哈佛博士、醫生。洪醫師把培養孩子的心路歷程與社會分享，我相信對於許多的家庭都會有很大的啟示。

洪醫師從自己的成長經驗體會如何培養子女。洪醫師自己小時就是成績優異，名列前茅的學生。她有深切檢討自己成長中所造成的一些偏誤，了解到在只強調功課成績的環境下，讓孩子斤斤計較成績，不知道如何順性發展，很可能會在個性發展中形成缺憾。洪醫師以「德智體群美」的和諧發展，作為培養子女的目標，也奠立子女願意幫助別人的精神。洪醫師把這樣的理念形成自己奉行的「老二主義」，讓子女有多元的發展，豐富她們的人生。

每一個家庭養育子女都有自己的想法，而父母對於子女成長的影響深刻長遠。在當前社會，父母都有工作的情況下，要同時兼顧子女的養育並不是一件容易的事。洪醫師的先生許金川教授是肝病的權威，長年投入肝病的研究教學，並且積極的投入台灣肝病的防治工作，為社會付出心力，也做為子女的榜樣。洪醫師做為母親，更是扮演子女成長中無法替代的角色。父母以同樣的愛心下，在子女成長中扮演不同的角色，使得子女能夠充分的發展，令人感佩。

洪醫師在這本書中也將自己的成長歷練與讀者分享。她早年喪父，在年輕的媽媽扶養下，很早就要在沒有父親的保護下學習成長，自己揣摩出如何運用逃離與求救的防身術中，悟出感恩之道。在洪醫師的書中，我們看到一個弱小但是堅強的小女生，如何接受環境給她的挑戰，不斷的突破，體會人生的意義。她將這種深刻的體會，傳承並教育自己的子女。看到洪醫師子女也順利的建立了自己的家庭，我為她感到高興，因為父母親最大的成就，就是子女走出自己的一條路，也享受在這條路上所經歷的困頓與快樂。相信這本書會給讀者再次思考在人生旅途上，如何培養子女，如何珍惜親情的另一個啟發。

目錄

第二章 父母都曾經是孩子

第三章 醫師家庭這樣教

第四章　大家一起談教養

前言　唱作俱佳的牙齒姨嬤

在診所大門開門的風鈴聲中，三個小蘿蔔頭熱鬧的進入候診室，後面跟著兩位媽媽，是晶瑩跟她的朋友，她們事先知會我今天有個四歲自閉症小男生來看診，家裡花很大的心力引導他走出家門。於是我淨空診所，等待他們到來。

晶瑩牽著三歲小兒子站在我的右斜前方，讓躺在治療椅上的五歲大哥（她的大兒子）看得到她，另一位媽媽牽著二哥站在旁邊。大姊姊（A助理）拿著大象鼻子（排唾器）玩杯子裡的水給他看，二姊姊（B助理）

站在頭後方輕輕撫摸他的頭。我則拿起及人牙醫牌涼風扇（水、氣三槍噴頭）噴他的手心手背，涼涼的好舒服。

媽媽出門前就已經跟孩子講好，今天來給牙齒洗澡澡，說不定還可以蓋房子。

玩好水之後，大姊姊收起杯子，順勢遞上一面小鏡子，我拿著小口鏡跟他這面鏡子相互輝映，並且稱讚他用的鏡子比我還大，請大哥打開嘴巴，像老虎獅子那麼大，自己看看牙齒，順便借「牙齒姨嬤」看一下。他乖乖做了，「他的右下牙齒黑黑的。」媽媽說。「姨嬤看看，唉呦，怎麼有洞洞？趕快看看有沒有蟲蟲躲在裡面？看喔，姨嬤拿個小湯匙（牙刮）清一下。哇，好大一隻蟲蟲（蛀牙組織），有沒有咬你酸酸的？」他點點頭。「姨嬤再看一下還有沒有蛋蛋？你看看……」我再展示一下小塊的。「還有一堆蛋蛋耶，洗一洗比較快，不然跑到肚子裡面去長成大蟲蟲，像ＥＴ一樣從肚子衝出來就慘了。」我一邊說著，一邊拿起高速磨牙機，「頂多洗十下就好，一、二……」我以一秒一聲的速度算。「大象鼻子來了喔！」機器聲響起，大姊姊右手很快置入排唾器保護舌頭，左手拿真空抽引器輕輕挪開鏡子抽髒空氣，媽媽牽著弟弟握住他兩手，並趁勢稍趴在他身上壓住兩腳，二姊姊固定頭。我迅速鑽磨蛀牙，口裡算著數目，左稱讚右提醒（耗點時間、分分心），「八……」歡呼一聲，好了。哥哥真厲害，兩個弟弟好佩服，五個大人都鬆了一口氣。

接著開始蓋房子（補牙）。「大野狼住過的山洞要填起來，蓋個堅固的房子給三隻小豬住。下雨天不能蓋房子，所以要吹乾。」及人牌涼風扇來幫忙。第一層是透明防水漆，及人牌烘乾機烘到十就乾了（十秒），接著蓋白色塑鋼房子，數到三十就烘好了。

寫來才知道我們三分鐘內講了這麼多話，做了這麼多動作。可謂唱做俱佳！

經過一番鼓勵，二哥也上了治療台，大哥、弟弟、媽媽們都在旁邊保護他，媽媽還特別伸出自己的左手來握住他右手。「看有沒有大哥厲害？」我用一點激將法，一邊讚歎的說，「你媽媽的手手好漂亮，指甲擦了什麼？」「指甲油，她喜歡粉紅色。」二哥第一次開口。「是喔，今天我們來給你的牙齒塗牙齒油好不好？」我順著他的話回應他，同時，大姊姊也遞給他小鏡子。嘴巴打開了，我比給他看要塗在哪，二姊姊也站在頭後方，輕輕固定頭部。「指甲油擦幾層呀？」我問媽媽。「至少兩層。」她說。「我們也塗兩層好不好？」二哥點頭了。「開始喔，及人牌涼風扇來了，像大哥一樣，把牙牙吹乾才黏得牢喔，大象鼻子抽水水，還擺個棉花球喔！」大姊姊馬上塞一個到他手中，讓他熟悉棉花球的感覺。「擦第一層防水漆，透明的。」孩子目不轉睛的看我迅速抹上黏著劑，「及人牌吹風機又來了，只算到十就乾了，眼睛閉閉才不會照到光（鹵素燈）。」「塗第二層，這次要算到三十喔！」二姊姊輕輕闔上他的眼皮，我開始算到五左右，讚一下乖花三秒，再算到十五左右，又稱讚一下媽媽花七秒，然後接著算到二十五左右。「哇，乾了耶！二哥也好厲害，也是不用三十就好了。」

兩分鐘內完成了二哥的療程。

最後是弟弟了，他忙不迭的自己爬上去治療椅，依樣畫葫蘆，阿彌陀佛。年輕的媽媽感激得不得了，大家都很開心。

兄弟三個各領了一個手套灌的氣球，開開心心玩積木去。他們喜歡腳上的無塵鞋套，穿著鞋套在地板上小滑步。我的診所使用無塵鞋套，因為它能避免小朋友的鞋弄髒治療台，染污下一位大人病友的白長褲——從前爸媽會叫小朋友脫鞋，現在很少了。而且大人小孩都要戴無塵帽，免得拉到美麗的長頭髮，或被前一位歐吉桑的髮油沾到。認真的說，有了這些小東西，從H1N1到H7N9，大家就診會更安心。

晶瑩是老友的女兒，十七歲叛逆期時，我幫她拔智齒做第二次全口齒列矯正，現在她已經是兩個兒子的媽，孩子們叫我「牙齒姨嬤」。她是熟悉的病家，祖孫四代都熟，信任度夠，媽媽可以幫忙，否則可能得請家長在候診室等待，孩子比較容易合作。小朋友慣會撒嬌，如果阿公阿嬤爸爸媽媽四人在治療台前一字排開，奉勸這位大牙醫讓位休息去，診治小朋友的同時還要解釋、安撫這四位長輩，肯定是不可能的任務。

牙醫系三年級時，郭主任開始教我們拿低速磨牙機，那時的機器由滑輪帶動，靠長長的兩條帶子捲動，工廠一樣。老師用他獨特的腔調說，「女生去買美麗的包布（指圍巾）把頭髮包起來，不然被捲進去會很慘，整個頭皮掉下來。以後拿高速機更要小心，以免賠上一生。」大家很錯愕，老師驚悚的接著說，「曾經有個日本女牙醫，做治療時，不小心三十八萬轉的快速磨牙機貫穿病友臉頰，只好去酒吧當媽媽桑賺錢來賠償。」老師的恐嚇教學法奏效，從此這幅血腥的畫面深植在我腦中。

一直到現在，看到高速磨牙機或一千多度的雷射光纖時，我都肅然起敬，戒慎戒懼的使用。最高效的機器是最危險的！

牙科屬外科系，天天見血、打針，機器不停轉動、口水細菌飛舞。口腔外科的器械盒中，鉗子、鑿子、起子、鎚子等等一應俱全，矯正盒中也不遑多讓。據外子說，他看到那盒子就後悔了，有種想逃婚的感覺，免得有月夜被謀殺的恐懼——這可能是他後來變身為天兵老公的原因之一。小時候媽媽帶我去拔乳牙，不巧看到牙醫生鏽的鉗子，待得媽媽跟醫師講完話，我已經一溜煙跑回家躲起來，所以我覺得所有小朋友都比我勇敢。

看牙基本上是個高風險醫療行為，神智清醒的大人與小孩會害怕看牙，這是很自然的事情。

牙醫每天有很多功夫要練：練習耍嘴皮子——要說服大小朋友不簡單；練習眼明手快——讓眼、耳與四肢協調，畢竟手拿機器腳踩踏瓣快速動、停反應，說時遲那時快，一個不小心就是一個傷口，小則見血，大則血肉模糊。醫病雙方務必充分合作，小心謹慎。

而這些功夫也是每個父母的必修課。

我家有三個孩子，老大台大醫學院畢業之後赴美國哈佛大學攻讀神經醫學博士，現在是哈佛大學附設醫院的研究員兼研修醫師；女兒考上台大牙醫系之後轉化學系，之後取得芝加哥大學化學博士又轉讀音樂，成為 Longy 音樂學院演奏碩士；么兒台大醫學院畢業之後，擔任住院醫師、主治醫師及專科醫師、哈佛大學醫院管理學碩士。

三個孩子成長過程都讓我費盡心思，不但得耍嘴皮子說服、誘導，更要眼明手快協助他們快樂成長。就像醫病關係一樣，親子關係也需要充分合作，小心謹慎才好。

最後牙齒姨嬤要提醒大家，醫師的右後方是超危險位置，絕對不能站，因為機器、後腦不長眼睛，牙科器械通常雙頭，往後一揮肯定製造一個傷口，千萬要趨吉避凶，拜託站到右前方的位置，才能保安全。

第一章

醫師媽媽教養經

我家三個孩子，各有各的珍貴，也各有各的難題。
他們教會了我人生中最寶貴的課程。

聽海

女兒笑吟吟從海邊走過來，夕陽餘暉，映得她的臉龐無比嬌艷。深色的泳衣裹著勻稱的身材、修長的腿，穩健的踩在沙灘上，長過腰際的秀髮兀自滴著水，活生生是美人魚的化身。

永遠不能忘記也是這樣的春天，女兒穿著短褲在台大復健科二樓辦公室前的長廊中，搖搖晃晃的向我走過來，左腳瘦了一圈，左手腕不自覺地勾著。據說這是腦性麻痺兒的步伐（CP Gaite），「這已經是最輕微的了。」好友陳秋芬醫師這樣告訴我，「多運動，給她做一點物理治療，看長大後會不會好一點。」「如果不好一點呢？」「也就那樣囉。」哽咽的喉頭讓我問不下去。

我無比愧疚，都是我這個蠢媽媽，二進三出產房才把她生下來。那是開業的頭半年，離開教學醫院的挫折感與經濟的雙重壓力，讓整個妊娠期充滿艱辛。經婦產科醫師同意，排定日子去催生，無奈催生時就是催不出來，催到胎兒心跳每分鐘兩百五十七下，嚇壞醫生與我。

女兒生下來之後就被送進加護病房，腦性麻痺兒的陰影一直揮之不去。遍翻醫書，沒有報告提及如何有效改善，只提及「多運動」。幼兒能做什麼？專業的部分交給治療師，送她進加強體能運動的幼稚園，學韻律舞。

偶然在《讀者文摘》中讀到小羅斯福總統罹患小兒麻痺之後，以長泳復健。抱著姑且一試的心情，送女兒到青年會（ＹＭＣＡ）學游泳，但是跟不上。就在幾乎要放棄時，朋友介紹國手級教練來個別教學。烈日下，看著她小小的身軀在泳池中「斜」前進，不聽話的淚水總是悄悄滴落池畔。每一回陪著，為的只是在池畔為她做手勢，「看到媽媽舉哪一隻手，就是那邊的手腳要用力一些。」當然每一次都是舉左手。學琴也碰到障礙，她的左手沒辦法伴奏，我與老師商量，先練左手，一年多之後練出力道來，再加上右手。

女兒進小學時，兩手兩腳已經一般粗細，**CP Gaite** 完全消失，不過平衡感還是差——在測驗中，別的孩子閉眼能站十秒，她只能站一秒。十一歲時，她獲得鋼琴比賽非音樂班組全國第一名，之後還獲選國小羽球隊、國三跳級，之後又選入一女中游泳隊、台大羽球隊、游泳隊，全國朗讀比賽獎盃無數。

「媽！」女兒走到跟前，我回過神來，以大毛巾包裹著她。大海拍岸，彷彿不停在謳歌著「母親節快樂」！

Never too late

「模擬考完去哪玩？」我問。女兒舒堯遲疑了一下，說：「我跟郭老師約好了。」高三了，她還是把上鋼琴課當成紓壓的方式？我愣了一下，沒問什麼，也沒給她學費。

打從接受難產的女兒罹患輕度腦性麻痺，左手左腳會有動作障礙的事實後，看她經常跌倒與受傷，我一心只想她長大後能正常、平安就於願足矣。運動與練琴都定位在復健功能，鋼琴比賽得到非音樂班全國第一名是「正常了」的代名詞。回憶初學時，她花了整整一年反覆練習，才讓較為無力的左手也能在鍵盤上流暢的舞動，雙手聯彈，而哥哥弟弟都只花了一個月就辦到了。我串通老師善意的騙她，男生手指頭天生比較有力，我們女生力氣比較小，當然練得比較慢，讓她有信心的一步步克服困難。做夢也不敢想她能成為運動員或鋼琴家，更沒料到或許因為反覆訓練左手，刺激全腦細胞發育，ＩＱ愈來愈高，進北師大附中國中部時，ＩＱ與學科並列全校第一，比生下來就健康的哥哥與弟弟表現更優異。我這台灣媽媽常想到的是幸虧她數理強書讀得好、又乖巧——當醫生還可以。

孩子小的時候，我算是成功隱瞞了她肢體障礙的事實，鼓勵、支持，並協助慎選運動項目，稍稍控制時間。國中以後她已經完全獨立，有自主的想法。在校參加各類比賽，我的思考沒有能跟上，總以為玩玩而已，是其他同學不運動，才顯得她不錯罷了。在台灣，學音樂更是音樂班的專利，看著那些媽媽跟在孩子背後揹著樂譜，不是我做得到的，就拱手讓人吧。台大畢業時，她開了場音樂會，我以為是大家來捧美麗女生的場，到芝加哥大學攻讀化學博士時，領音樂系獎學金，我仍然以為美國私立大學真慷慨，隨便請請就有獎學金拿。直到兩年前她邀我聆聽在波士頓的業餘鋼琴競賽，我才見識到她的付出、堅持與閃亮。而冠亞軍分別來自大學能跨領域雙主修的美國與西班牙籍學生（分別是物理與生化博士），也才真正感受到教育制度是這樣大不同——即便從小請名師教琴，還是不及正規音樂教育的訓練。我的心好痛。

「Lincredible」旋風，震撼了多少家長的心！

我很慚愧，很佩服林家父母。父母心與制度桎梏了孩子！毫無疑問，台灣教育不出林書豪這樣的年輕人！祈求十二年國教能有充分的彈性，讓孩子們不再需要補習，並開放跨領域跨校選修，讓全方位資優生的才能得以盡情發揮！讓孩子的青春歡唱！

頂著常春藤名校化學博士光環的女兒，到目前仍在為成為鋼琴演奏家而奮鬥，挫折連連，現在要回頭再念音樂博士是有點晚了。不捨之餘，我鼓勵女兒：「Delete 掉訓練自己回歸正常的大約十年，你跟書豪差不多年紀呢，況且媽媽還有祕密武功教你——世界上沒有什麼事不可能。Never too late。感恩並牢記楊維哲教授的鼓勵：『古時候，歲七十為稀，年三十而立。在今日我認為應該膨脹一半：壽一百為稀，年四十五而立。』如果四十五歲時在自己選擇的道路上穩穩站得住，那就是成功的人了。你們今日所到的地步，已經遠遠超過標準，只要毋怠毋忽，四十歲時你們就穩穩站得住了。媽媽永遠 back up 你。」

我經常這樣祈求菩薩：謝謝您給我們母女這麼多的磨難。謝謝您給我們智慧逐步通過考驗，讓我們可以找出方向與方法，引領女兒舒堯憑著毅力與努力，克服障礙，遠渡重洋，初步完成學業。祈再賜予奇異的恩典，賦予她更大的耐力與幸運，完成第二專長鋼琴的訓練，實現她的夢想，圓滿她的人格。平安喜樂幸福，阿彌陀佛。

老二主義

外子是個非常謙虛的人，從不稱讚自己的孩子好，也不許孩子送私立學校。我的母親是個老師，見慣了聰明的孩子，並不覺得家中三小有何特殊，甚至還覺得他們不如我小時候聰明呢。三小念的都是公立幼稚園、小學、國中，我頂多只是在請教過宋維村醫師與楊維哲教授之後，搬了個學區，讓大的兩個考進有資優班的學校，免得他們太閒在班上造反而已。回國後也隨齡進一般小學，兩個小的有考資優班，老大雖然沒有讀國內小四至小六的課程，進了一般國中居然還能名列前茅，純屬意外。女兒一連串語文競賽、國中跳級，都是無心插柳。後來參加大學聯考進入台大，畢業後出國深造，走的是再平凡不過的路子。

想起老大第一次領成績單的日子。

小一的他很開心的回家，我世俗的問：「怎麼啦，考第一名啊？」他說：「不，我是第二名。我最好的朋友林彥廷第一名，我很替他高興。」我心中有點吃味，別人的兒子怎麼可以比我的寶貝強。心中暗罵兒子沒志氣，沒拿第一還這麼快樂。旋即轉念，這不是自己一向教他的嗎，應該要高興。於是十足誠心的稱讚他，並問彥廷那孩子好在何處，讓他這麼欣賞。

小一開學個把月時，我特別拜訪老師，因為兒子來自不教讀寫的台北師大附幼，與ㄅㄆㄇ素不相識，怕孩子跟不上。不料老師說：「曙顯是那種標準優等生的樣子。」心中大石才落了地。但是，優等生是個什麼樣子？我不懂。老師解釋說，就是功課很好，但不會幫助別人。我直覺反應：我不要兒子是那個樣子。

以後我慢慢教他分享，聊怎麼欣賞別人的優點，聊怎麼幫助別人的弱點，也談「成功不必在我」的觀念。學期結束顯然我的成績斐然，兒子懂得為別人喝采！身上也沒有驕傲的味道。

我常愛說，當第二名最好了，天塌下來有人頂著，地塌下去有人墊著。我不捨得孩子們複製我小時候一定得拿第一的心態。得失心太重，表現反而不好，樹大招風，有時莫名其妙遭忌。一身傲氣其實只是井底窺天，要知道小時了了大未必佳，人外有人天外有天。若是因此而得身心症，那就更辛苦了。所謂身心症，就是說一到考試就身體不舒服，例如頭痛睡不著肚子痛拉肚子甚至發燒等等，考完試馬上生龍活虎百病俱消，這樣能考得好才叫奇怪。目前有各色各樣的補習班，不知有沒有補習「向身心症說不」的。一般人所謂的考試失常，多數是身心症惹的禍。

曾經有位知名補習班主任，讓高中女兒從高中輟學，改去補習班上課，說是因為補習班的師資、學習狀況比學校好太多。光只就課業考試來講可能是的，但是教育的功能不應該只是這些。全人教育才是辦學的宗旨！不管上智下愚，都一樣吃喝拉撒睡過一天，鼻下一橫永遠填不滿，直到離開那一日。老掉牙的教條「德智體群美」豐富一個人的生活，創造來自內心的快樂。我家奉行老二主義的孩子，現在是哈佛大學博士、醫師，朋友多，攝影騎車游泳打球拉琴樣樣來，從小當老二的孩子長大之後也沒有過得比別人差啊！

不懂為什麼報紙、電視老是充滿著滿分孩子的照片、經歷。在我個人的經驗裡，這樣的披露對孩子是終生的負擔。我小五時全縣演講比賽第二名哭得昏天黑地，因為曾經是第一名；國一時，因為總平均差零點零二分而落到第二名，一直徘徊在校門口，久久不敢回家。現在想起來很可笑，但是十三歲的狀元女就是輸不起！

所以我總是小心保護孩子，不提智商，成績單只當參考用，讓他們順性發展，有自己的天空。不參加太多比賽，也不學太多才藝。智商不錯是運氣好，那麼多基因染色體的配對，幸運拿到好的罷了。現今網路發達，想學什麼幾乎都輕易查得到，而「德體群美」更需要日積月累的工夫。回憶往事，浮現的不是幾時考第一，而是點點滴滴的溫馨，老師長輩智慧的話語。人多一定有競爭，有競爭就有輸贏，輸得起才有跌倒了再爬起來的勇氣。兒子申請到哈佛神經病理科醫師的時候，我的病理老師李豐醫師說：「好極了，請他準備跌倒了再爬起來的能量。」能量支撐勇氣，輸一輸有益身心發展。俗話說：打斷手骨顛倒勇，笑一笑吧！

高足就是很長的腳

「你兒子說高足是很長的腳。」笑咪咪的特教中心老師與一臉無辜的八歲老大成了強烈的對比。

「發生蝦米代誌？」雖然老師一改兩小時前初見面的冷漠，我還是只敢心中嘀咕不敢發問——瞧，我也是台灣制式教育下的學生。「你兒子少見的聰明，只是想法跟一般人不太一樣，他說，高足是很長的腳。」老師開心的重複說。我兒日行一善讓老師工作得這麼快樂，自己可是很慚愧，「不好意思，沒教過他……」口中囁嚅的道歉著。「沒教才好。你們這些當醫生的父母，除了眼睛長在頭頂之外，還常常給孩子加料，當老師的父母也是。」她公平的損了自己一下。「加料？」我忍不住問。「就是讓小孩先演練題目呀！」她說。終於懂了，醫生、老師方便取得資料，先讓孩子練習練習，就很容易取得高分，順利進入資優班，以便享有較多的教育資源。我恍然大悟，先前老師對我的冷漠原來起因於此。

從此我常檢查自己眼睛有沒有長對位置——長不對位置容易摔跤呢！能夠快快爬起來還好，要是跌個鼻青臉腫骨頭斷，可是划不來，如果傷及五臟六腑更是回頭無望。至於加料，老三應考時，我還是有意無意教了「木乃伊」、「高足」這兩個名詞，後來佛前拜懺悔文時有為此懺悔一下。其實有老大做對照組，兩小聰不聰明我心中有數，但是給孩子加料已經快變成社會常態，年輕媽媽生恐孩子被「做掉」而輸在起跑點，總有按捺不住的時候，這也是人之常情嘛！

只不過這個「人之常情」如果無限上綱，可是會製造很多悲劇。

我念台大牙醫的時候，有幸與醫科生併班上課、同寢室，雖然跟得吃力，卻也有機會看到最優秀醫學生精湛的演出與凸槌。那個年代，台大醫科可依在校成績保送，全台共二十五個名額。於是常聽說家長各顯神通，補習（就是加料囉）製造好成績當然是最便捷的路。我讀書時間少又人緣不錯，是很好的垃圾桶，經常有學姊學妹來談心，姊妹淘的結論是被謠傳最多的學生很辛苦，不止被同學排斥，也會有跟不上、自信不足甚至精神異常的狀況，再也回不去那種天真無邪、健康喜樂的日子，他們的父母應該後悔都來不及吧？少年不識愁滋味的學著感慨一下，卻也牢牢記住，日後千萬不要做這樣的媽媽，也感謝母親沒有能力把我製造成那樣的學生。

我的一個朋友則把她的兒子塑造成那類的孩子。國中成績優異不在話下，九年級會考全台北市第一名，上了明星高中，成績卻是殿後。孩子鬱鬱不樂，高中老師遍尋原因後才發現，原來是他一路進補習班提早學習（不是自修，這兩者有很大的不同，相信很多家長都了解其中的差別），小五就開始讀國中課程，進國中後可算是二度學習，孩子很乖一背再背，成績自然高人一等。到了高中便原形畢露，大學也不是念得很理想。這些不重要，更讓他不快樂的是，他得忍受同儕異樣的眼光，也不能調適自己是普通生的角色。

另外有小朋友小一就寫七種參考書（我兒子只寫半種），大概小五就回歸平常，變回普通生。希望為人父母的，能按捺住給孩子加料的衝動，克制望子成龍望女成鳳的欲望，不要總希望他（她）比自己強。愛之適足以害之，小心拿捏分寸啊。

今天不考試

老大笑咪咪的回家，我忍不住問，「理化考得很好嗎？這麼開心。」「沒考。」他說。又沒考？我心裡嘟嚷著。這新來的導師不是私校來的嗎，怎麼這麼混？都國三下了。口中問，「說要考不是好多天了嗎，怎麼又不考？」兒子答，「老師說今天天氣很好，打球去，不考試。」看著兒子精神抖擻、一臉喜悅，我忽然一陣感動，的確，台北總是春雨綿綿，陰溼得人都快發霉了，老是憋在室內溫書，孩子們鬱悶的情緒可想而知，好不容易放晴，透透氣發洩一下，激勵的效果應該遠大於一堂小考。老師甘冒著被家長責難的大不韙帶孩子打球，需要很大的勇氣。他第一年來到附中就帶國三，每個人都睜大眼睛看他的「業績」。

一如我所料，第二天全班交出漂亮的成績單，孩子們回饋了老師的愛與體諒。這個班的孩子後來即便高中沒考到所謂名校，日後上了大學都讀得很好，因為他們自愛，知道什麼時候要收、什麼時候可放，這正是一個高中生所需要的內在能力。

考試真是一件令人又愛又恨的事兒——愛的是它的公平性，恨的是機械式的練習；愛的是高下立判，恨的是從此被貼上標籤。無論如何，它總是古往今來國內外公認的選才法則，窮孩子翻身的好機會。

教改說說做做很久了，十二年國教即將上場，可有什麼更公平公正的掄才方式？人多一定有競爭，好逸惡勞、不勞而獲是人類的通病，中間出現很多眉眉角角應該要避免。當民主的素養不夠，家長與老師雙方的自制力不足，在學成績怎樣都公正不起來。

當年十七歲的我拿了全校第一名，總分遙遙領先眾人兩分多的時候，厄運就來了——只因為保送制度名額有限，讓我差點成為眾矢之的！

以往聯考一試定終身，最被人詬病，但是現在幾乎人人都有大學可念，轉系轉學很常見，雙主修、研究所也很多。何苦孜孜矻矻時常守著平常成績，以至於生病也不敢請假？老師打個噴嚏就全班感冒，看足老師臉色？我受夠了。真的不認為十二年國教如果看在校成績，會比從前壓力減多少。最好依學區，不看在校成績，榮譽班經過考試，過渡期保留少數菁英高中，為的是上智下愚不能放在一起教，這個道理相信大家都懂。把優秀生分科送往大學修課，是利用現有大學師資設備、提升孩子視野、不再往明星高中擠的好方法，同時解決部分大學收不到學生與高中軟硬體不足的問題。

我考試靠感覺，不大愛過度認真啃書，連參加醫師考試都這樣就去了，低空飛過沒驚沒險。偶然突發奇想，會去考考例如托福這樣的考試測測實力，考考醫管所學分班念一念，看看醫界究竟面臨怎樣的關卡等等。在美國考加州執照時，倒是著實被美國大學生嚇到，早上六點半報到，下午六點結束，那表示約清晨四點鐘就要上路，每個人睡眼惺忪卻沒人抱怨——什麼時候他們變成這麼認分的考試？完全顛覆我對美國學生的認知！一天要考完術科，包括牙周刮除、雙面銀粉充填、牙套及全口假牙製作，就需要這麼多時間，不然要多考一天多花一天的錢嗎？反觀台灣八點開始考，有一陣子還引發不少討論。玉不琢不成器，請家長不要不捨得，也不要管太多！

今天要不要考試，參加什麼樣的考試，都需要智慧判斷。孩子的頭上自有一片天。

真的不進資優班？

「許媽媽，我是建中教務處×小姐，劉校長要我特別打電話再確認一次，曙顯真的不進資優班？」「是的。」我清楚的回答。「從來沒有人放棄，為什麼？」她好奇的問。我說：「孩子小個子也小，我想這樣他比較能快樂長高。顯兒小學在台北念資優班，在美國的第二年也考入Gifted Class（當地資優班的名稱），數學連跳三級，回台從五年級跳升國中，等於在國內四到六年級都沒有讀，直接進了國中，念的又是北師大附中國中部。我怕他底子不夠扎實，況且建中學生已經相當優秀，同儕刺激就已經夠了，讓孩子慢慢適應，不要一下子去跟或許比自己大兩歲的優秀生較勁比較好。」「孩子知道嗎？」她又仔細的問。「當然，爸爸也同意。」我回答。

其實後來證明我是多慮，兒子高一全校第九名，高二進入樂隊班，快樂的度過高中生活，並且由樂隊中學習團隊精神與團體榮譽，至今還保留建中樂儀隊的帽子。小有遺憾的可能是基因的關係，沒有長很高。

我始終相信，快樂與合群是一個人有成就的要素，而這兩個略嫌空泛的字眼架構在健康的心理機轉上。兒子小學念了四個學校，忽然跳級要進入國中時，老實說我措手不及，因為剛回國不到三個月，我自己也還在適應期，正處在事業與家庭的雙重關卡，只有天兵老公沒薪水職缺也很開心。我除請教楊維哲教授外，也拜訪幾所所謂明星國中的輔導老師（跳級生不限學區），大家一致建議進北師大附中國中部，因為師資好、班次少（只有八個班）、教學正常、設備良好（例如可使用高中部的電動顯微鏡）、走路離家十五分鐘，缺點是沒有資優班，升學率不是很好。當年這個國中部畢業生考到前三志願的可是個位數，高中部考取台大醫科幾乎年年掛零。

我放下好朋友提醒是否太冒險的忠告，有一點忐忑的送他進這個以不逼學生聞名的國中。升高中時保送甄試沒擠進前三十名、大學聯考也沒一舉考到第一志願，但現在他是一個新婚、快樂的哈佛博士、醫師，住院醫師第二年就被破格升等為研究員；朋友很多，知道怎麼應付挫折，不管在世界哪個角落，都是讓做媽媽的我很放心的年輕人。那時我在家中開業，我對他六年中學生活最珍貴的記憶，是每天下午四點，他穿著建中制服準時坐在客廳地板，笑呵呵看卡通吃點心的景象！

為人父母的總是希望孩子比自己強，要孩子出人頭地，免不了人云亦云。人家送安親班、資優班、學才藝、科學競試都要跟進。有多少人靜下心來觀察這個孩子需要什麼，身、心健康嗎？捫心自問，要孩子進資優班、拿競試金牌是不是在滿足自己的虛榮心？聰明的孩子敏感脆弱，需要很強的心理自衛機轉來達到身心和諧以及與外界的融合，生活變動大的孩子更需要協助。

讓青少年成長得好，達成圓滿的自我認同，熱愛生命與環境，應該才是教育的宗旨啊。

親愛的，我把家事變簡單了！

我在廚房悠閒的沖著碗。女兒放學回來，脫下幼稚園圍兜衝了過來，「媽媽，真真昨天被她媽媽罵很慘。」「怎麼啦？」我問。「她忘記洗碗呀。媽你怎麼從不叫我們幫忙洗碗？」「因為我也不洗啊。」女兒一臉狐疑，「你這不是在洗嗎？」她問。我笑了。「媽只是把大塊的殘渣沖掉，以後就交給洗碗機啦。你可以幫忙啊，把盤子在架上排一排就ＯＫ了。花時間在這兒太可惜，走，我們去看Snoopy。」我倆興高采烈的看著英文電視卡通，女兒字正腔圓的跟著說上幾句英文。

知識、科技一直在進步，要學習的事情不停的增加。於是我們的手得要寫字、打字、練琴畫畫，專業的手要用來手術、繪圖、製表……太多太多的事要做，用兩隻手來做繁重的勞務未免可惜。若是受傷傷及靈敏度，更是一輩子的遺憾。幸好廠商早為我們想到了，相繼設計出各種小家電，例如洗碗機、洗衣機，甚至會趴趴走的機器人吸塵器等等，新近還有感應除溼機，據說可依據衣服的溼度自動調整風力來乾衣，除溼乾衣一舉兩得，省時省力，否則千手觀音早就沒手了——都被現代家庭主婦（主夫）借光了。

旅居美國的第一年，我們應邀到著名的中央研究院院士彭汪家康醫師家過聖誕夜，據說有幾十位客人。依常情料想，應該會見到一位蓬頭垢面、一臉疲憊、請假在家打理的主婦，哪知事情大不同！到得主人家，客人多數都到了，我們帶小朋友的反倒有點晚。一兩位朋友在廚房裡頭炒米粉、燙青菜，主人則還不見蹤影，據說下刀晚了（她是外科醫師），桌上已經排了將近二十四道菜，其中十二道是院士親手烹調。天哪！我嚇到了，原來院士治家像管理實驗室，有一定的規劃程序與分類，例如高湯，她週末已用大骨熬煮，分袋包裝放入冷凍櫃，需要時一包包拿出來用，滷肉早上用慢鍋開始燉，龍蝦在蒸籠中各就各位，泡菜當然早早醃製完畢，需要現煮的菜則請幾位朋友幫忙下鍋，於是主人尚未回家，客人已經開始享用乾淨、低脂的美食。我好慚愧，從此不敢推諉自己不會、沒時間做菜！是沒有方法，不是不會！健康飲食的結果，院士長年穿著高跟鞋踏著輕盈的步伐，七十多歲了依然風采十足。

會生活的人化繁為簡，遠離魚翅鮑魚海鮮等三高食物，只吃當季青菜，沒有骨頭的魚、肉，新鮮便宜好清理。簡約生活的人算盤有時打得不大一樣，例如瑞典洗碗機、歐洲風行的三機一體滾筒式洗衣機，買起來是稍微貴了一些，但是一用二十年，以五萬元來算，一年成本只不過兩千五百元，一天才七元，少去外面吃幾次或少玩一趟就有了！分期付款也是好主意。用節省的時間多上點班、多陪陪家人，都很划算。何苦為了這種小事弄得一家失和，一不小心還被塑化了！洗碗機可只用熱水沖洗，遠離清潔劑，不但省錢，對健康更是好處多多。至於用電真的沒有想像的那麼多，換算成健康成本，也很實惠。而滾筒式洗衣機的好處，跟廠商宣傳的一樣，大賣場走一趟就清楚了。台灣氣候潮溼，捨棄不易乾燥的棉製品，改穿脫水後兩三小時就乾的排汗衫，肯定可以少買幾件衣服，因而把家變大呢。

總是外食有礙健康。像我這種龜毛的人不是很敢吃外面的生菜沙拉、燙青菜，也信不過所謂有機食品與工人洗碗，最好的方法，是把因為外食而換衣服化妝的時間拿來洗青菜，把碗盤衣服地板清潔則交給機器！它總是忠心不二確實走完所有 cycle 才停止。如果更講究也可讓它走兩回，要緊的是輕鬆得到乾淨健康。更可以好整以暇的告訴家人：親愛的，我把家事變簡單了！

親愛的，我把家變大了

四十坪的家，客廳做了診所，主臥室變身成小客廳，而我家白天還有一位幫忙帶小孩的阿嫂，三大三小總共六個人，還得保留一間書房讓公婆親戚來時可以住。精力旺盛的三小，滿屋子的書與玩具，二十多坪的空間實在嫌小，我絞盡腦汁，想把家變大。台大醫院待慣了，我喜歡挑高較高的房子，選的家當然挑高不能低，超過三米，大樑之間如果封平做天花板，空間很可惜，於是我情商木工都做成天花板櫃，有前開門有下開口，可惜不夠高度做小樓。這點子來自對西方小說中閣樓的喜愛，木工很開心，施工期間每天爬上去睡午覺，說是堅固到五十年也不會壞。後來成了棉被、雜物、換季衣服必然的窩。

客廳陽台加一個廁所給病人使用，才能內外有別；雙面隔間櫃供診所與客廳使用。出國前兩小跟阿嬤睡，一個跟我們，我設計床下大抽屜，拉出來就是小床，孩子大了之後是儲物抽屜，兩個小的都睡過，我的腰與手腕會痛，就是腰彎太低不當使力抱小孩開始的。

從美國回來後，孩子半大不小。主臥陽台變身和室，給公婆來時睡，總算還有四間房。哥倆好睡上下鋪，必要時還可拉出第三床給朋友或親戚的小孩睡。兩兄弟的桌子也有玄機，除右側部分固定抽屜外，左側下方是有輪子的活動小櫃，兩張書桌中間剩餘的位置做上下可拉開的兩個桌面，必要時展開就是一個T型或L型大桌面，三小可一齊使用。女兒與阿嬤睡一間，我設計一個櫃子與單人床同樣大小，頂上（比一般上鋪高，所以這個櫃子有半密閉三尺高圍欄及門，還有扎實的樓梯、扶手）

可以睡人，個子小的阿嫂亦可走進這三乘六尺的空間收拾，還挺好用的。

上鋪現在是照顧阿嬤的瑪麗亞睡，圍欄高，私密性不錯，她們還滿喜歡的。診所搬出去後，廚房搬到前陽台，原先廚房改成房間，三個孩子終於各自有獨立的空間。女兒的睡墊架在六個小時後收書、玩具的塑膠盒上，塑膠盒裡收滿了書、CD與換季衣服。沙發當然早就選擇座墊底下是收納櫃的了。角度太直不怎麼好坐，但看在功能、價格分上只好忍耐。

有一回老公在美時的胖胖美國老闆來家裡拜訪，可是如坐針氈。我不放過每一個空間，櫃子上方只要沒有糞管的，都做了小櫃或書架，實用是唯一的考量。

二三十年前沒有很多好主意與書供參考，凡事得自己想，只求安全實用。四十坪的家變身五個房間，小一點倒也各得其所。兩個大的都很會收東西，兒子的銅板在抽屜裡排排站，女兒的小衣小褲一卷卷站著

（這不是我教的）。天兵老公是亂源，別人的兒子不好教，由著他。只是跟他邀個功：親愛的，我很努力的把家變大了！

石頭屋

三小興奮的話語，夾雜著門鈴聲響起，還穿著睡衣的我急忙應門。溫婉可愛的老師笑咪咪的站在孩子們後面，門一開，孩子們靈巧的鑽了進去，我邀請老師進來喝杯水，她客氣的說不，下午還要去聽演講呢。一轉身，孩子們嘰嘰喳喳的述說植物園的大樹伯伯、小草弟弟與荷花姊姊，以及攀爬園中石頭屋的趣事。我興趣盎然的聽著，顯然地理系畢業的老師雖沒有上窮天文，但下通地理肯定是有的。

這是我家星期天上午的固定戲碼。那時週休一日，星期六夜診最忙，幾乎都要到十點鐘。天兵老公更不用提了，例行在深夜或凌晨才回家。週日早上實在沒有餘力陪精力旺盛的三小，老讓幫傭的阿嫂帶著他們在敦化南路的樹下或小公園晃也不是辦法，正好北師大附幼新來一位美麗熱忱的老師，我於是拜託她每週日早上隨性看天氣，來帶孩子們到植物園（那時還沒有大安森林公園）、新公園、故宮等林蔭森森或古蹟斑駁的地方走走玩玩，培養孩子們對自然與文化的喜愛，消耗一些體力。剛出校門的老師很厲害，把古靈精怪的三小罩得服服貼貼，並且每次都有新的學習，讓我喜出望外。

孩子們的最愛是石頭屋，手腳並用上上下下的充滿野趣。堆砌的石頭縫有碉堡的感覺，捉起迷藏來很是開心，圓圓的石頭讓他們即便是跌倒了也不太疼。可是，「今天啊，有個小朋友霸住了最好景觀的瞭望孔，看了很久也不下來，」老三告狀說。「你們怎麼辦？」我問。他答：「我們先在旁邊排隊，後來老師帶我們先去別的地方玩。等他離開了，我們才輪流看。」對了，等待、不爭與輪流！

好東西人人愛，好風景人人想欣賞。要緊的是自由以不妨礙別人為原則，公共財大家分享。社會上的亂象來自互不相讓與你爭我奪。一塊餅就這麼大，俗話說「怨嘸不怨少」，多切幾塊讓每個人都嘗嘗味道就好，不要整盤拿去。從郊遊式的學習中滿足好奇心，學會遵守秩序、忍讓，也達到運動的目的。我則得到充分的休息，雖然錯過共遊的喜悅，但用好心情來傾聽也很不錯。另找幾個家庭（五、六個孩子差不多）合請老師，讓費用更省，可說是一魚多吃、一本萬利。課本上的知識，從前是翻翻百科全書，現在是上網瞧瞧。只要有心，人生處處可學習，就像春城何處不飛花一樣。

這個點子來自電影《真善美》，家庭老師陪著孩子唱歌、演戲、跳舞、騎腳踏車、爬山，片尾全家在開滿小白花的山上歌唱跳舞的景象，讓我一輩子都忘不了。德智體群美都顧到了。

忙碌的雙薪家庭要顧及孩子的「樂」實在吃力，結果培養出眾多宅男宅女蝦兵弱卒，給健保添加不少開銷，讓眼鏡行門庭若市，更別提染上不良嗜好的年輕人了，好可惜！

雖然溫室效應讓天氣改變、天災頻傳，但台灣比起赤道、西伯利亞、阿拉斯加、南北極，還是居住的好地方，避開土石流危險海域，颱風暴雨不出門，仍然是寶島！幸福的台灣人請珍惜，放下對立，學會分享。享受自然，心胸自然開闊。加州紅杉國家公園（Redwood National Park）一棵約一千五百年的擎天巨木下，豎立著一塊銅牌，上面寫著大文豪莎士比亞的話：「One touch of nature makes the whole world kin.」讓我們經由大自然的洗禮，擁抱世界四海一家親吧！

安啦！去他的幾綱幾本

「媽媽，我要跳級。」我錯愕的望著黑黑小小個頭兒的小五兒子，大大的眼睛閃著堅定的光芒，不像是玩笑話。見我沒回應，他又說了一次：「我要跳級。」

回過神來，我緩緩的說：「哥哥，我們才回來兩個月，你兩年沒在台灣讀書……」「沒關係，」他說：「我都會了。尤其那些某數問題，都可以用代數很簡單解開。」「國語呢？」我問。「比金庸小說簡單啊。況且老師又不寫作文。」也對，我心想，這位導師很奇怪，拿作文課來做某數問題，幸好孩子們與幾個好朋友在家課後寫作，不然以後連情書恐怕都寫不好了。

不過已經四月了，或許已錯過申請期了吧？口中使著緩兵計，「那這樣吧，你自己先去買六年級的書來看看，做做題目，看看自己是不是真的會。」兒子興奮的拿了五百元，到對街新學友書局買了一套參考書，興趣盎然的看了起來。往後一個月我提都不提，只暗中觀察，直到有一天他拿做過的題目給我看，照兒子以往的習慣，通常只做偶數題或奇數題——呵，玩真的，一章不漏。科學有點問題，實驗部分不清楚。「好吧，」我說，「媽媽去問問學校，請一位老師來指導你沒學的部分。」就這樣，當時的康宗虎股長破例接受申請（因為我們二月回國，本來就過了申請期），通過甄試，兒子忽然升上國中並且名列前茅。

女兒國二時，除了練琴練球做壁報等，每天忙到夜裡十一二點。班上有位同學考慮跳級，我同意女兒也試試。十二月了，學校利用課輔給他們看看書，沒做太多題目，經過聯考順利成為小綠綠。循哥哥的例子，沒有鼓勵她考資優班。

我與孩子從來沒去思考什麼綱什麼本，幾位家長也從不過問學校到底教些什麼。在美時，學校就不同程度的學生，本來就有不同的課本，同是九年級學生，本來就有不同程度。

讀者可能會說我的孩子不是資優生啊，不能這麼放。其實資優生沒什麼大不了，了不起七歲有九歲的智力，把十三歲的資優生放去十五歲的平台上，加上ＥＱ（例如應付考試的壓力），說不定還要輸上一截。也就是說，十五歲的普通生可能比十三歲的資優生表現更好，所以讀書方法是一樣的。

我出身鄉下，還是有初中聯考的年代，糊里糊塗考上女校榜首，男女生全縣保送生考試第二名，以國中全校第二名畢業。從鄉下小學到城市中學到台大而美國，我從不覺得有少念了些什麼或不如人家什麼，師長們顧慮的城鄉差距等等都沒有發生。請不要又覺得我是考狀元的那個優等生可有不同的方法，我只是知道讀書要提綱挈領、化繁為簡、適度記憶演練（這不是老師說讀好書的不二法門嗎），記得快一點寫得快一些，就能有比較多時間看小說做白日夢而已。

近日大家為一綱多本或一綱一本爭執不下，北北基與南部念的書不同，老師家長憂心忡忡，官員滿面豆花。真的沒那麼嚴重，讀書讀的是核心部分，看懂題目思路清楚，自然能完整作答。

如果說念完博士班叫修習十八般武藝，我好玩的區分一下，幼稚園算修第一般，小學修四般，國高中大學各三般，博士四般，不多不少十八般。那麼，國中階段的比重就很清楚了，只是十八般中的三般，真的沒有太多東西！

管他幾綱幾本，這些內容能變出什麼花樣來難為孩子？超過程度的學習，過度演練對大多數學生的身心是很大的摧殘，不合人性也不符合主流教育理念，只是徒然肥了補習班的荷包，機械化的弄笨孩子，奪走了他的笑顏而已。所以，安啦！

去他的幾綱幾本！一理通萬理徹，免驚。

第二章　父母都曾經是孩子

每個父母都曾經是孩子，都經歷過學習的喜悅與痛苦。回頭看看自己的成長經歷，從這些苦樂中學習怎麼當個好父母。

瓷湯匙媽媽

一直以來，我總是認為自己是個愛哭愛跟班又猶豫不決的膽小鬼，這幾年來卻慢慢有人給我掌聲。我在困惑之餘探討了一下，原來因為膽小，所以能仔細發現問題；因為猶豫不決，以致慎思熟慮；因為愛哭，於是情緒有出路；因為愛跟班，不貿然獨行，隨時有人伸援手，倒變成我解決問題的法寶了。許許多多的人幫助我，讓我深深相信千手千眼觀音菩薩的慈悲，隨時準備把祂的手、眼借給我們，使我們得以看清、掌握事態，平安健康的度過人生中的重重關卡。

顯然我出生時銜的是瓷湯匙。瓷的本質就是會裂，再怎麼高溫融合、再怎麼細緻昂貴如全瓷牙冠，摔了就是免不了要裂！裂了，就沒了，不能像金子銀子一般重新融合。

父親英年早逝，家母當年正值二十四歲花樣年華，雖有嘉義高女（日本人學校，特優台籍生身家清白才能進入）畢業的學歷，卻被長輩剝奪工作承襲權（當年華南銀行為照顧遺族，喪偶的遺族可接替進入銀行服務保障生活的德政）之後，又被領走撫卹金，身為大家庭中溫柔婉約的無聲媳婦，為母則強，只好帶著三歲的我避居娘家。

生命中第一個記憶是穿著紫花開襠褲的我，在昏暗的暮色中拔足狂奔，大聲哭喊「我不要」，兩旁參天的木麻黃巨獸般包抄著，隨風狂擺的樹枝好像要吞噬我。兩歲半的小腦袋映出的是一張俯視我的血盆大口，夾雜著狂笑，說：「妳媽媽也去蘇州賣鴨蛋了。」這句話我懂，意思是妳媽也死了！我很害怕但是不相信，於是奔向媽媽教書學校的方向，要去一探究竟。

第二個記憶是媽媽的淚水滴落在我左手腕的清晰咬痕上，小姑姑咬了三歲的我。我有兩位繼祖母十三位姑姑五位叔叔，還有進進出出的男女工人，媽媽擔心我長不大。

第三個記憶也是黃昏，坐在媽媽腳踏車前座娃娃椅，抱著駝色小包，媽媽再三叮嚀不可出聲、抱緊包袱。我沒有問，看著快速旋轉的腳踏車輪，兩旁後退的甘蔗田，三歲半的我無比害怕，我們很快的隱沒在黑夜中。弱質女子終於強化內涵，選擇夜奔，保護自己與女兒。

從此我有恐黃昏症。

第四個記憶是媽媽帶著我，說是去找縣長。坐了很久的車，看門的人以為我們是賣油的，讓我們在門外等了很久，我腳瘦到站不住而蹲了下來。好不容易見到縣長，他說：「有雜音。」看看我，接著嘆了一口氣。後來媽媽終於如願到祖父勢力不能及的海口小學教書，薪水只有幾百塊，生活總算安頓下來。四歲的我牢牢記住這位縣長叫作林金生（林懷民先生的尊翁），他是爸爸嘉中的同學，了解先父叛逆的原由與家中狀況，深知媽媽住不下夫家的理由。他排除祖父的阻撓，讓媽媽能回學校教書，我們要感謝他，願藉此一隅特別致謝。

第五個記憶在嘉義市大通（中山路）的玩具店，我們剛去嘉義公園後掃完墓。我很喜歡一個十塊錢的布娃娃，媽媽把身上的錢都掏出來，只有九塊八毛，還差兩毛！老闆不屑的把娃娃收起來，看也不看我們一眼。我哭了出來，媽媽默默的把我拉開。

第六個記憶是在擁擠的公車上，好心的乘客讓我側坐在椅子邊緣，我抱著媽媽的大腿維持穩定。我抬頭問媽媽：「方才那塊布很漂亮啊，妳怎麼不買？」媽媽過了好一會才回答：「怕人家說話。」忽然間，五歲的我懂了，那是因為白底綠竹子上的粉紅花不行！因為爸爸不在了，二十七歲的媽媽不可穿有粉、紅色的衣服，人家會以為她想再嫁人、不守婦道，這樣警察就會來帶走我，再也不能「寄留」（好不容易申請到的居留理由）在阿嬤家。有些服裝要避嫌——我長大後，一定要買最美麗大花的衣服給媽媽穿、最堅固的房子給媽媽住。

就這樣，從小我學會了逃離與求救兩大防身術；知道要脫貧，也學會避嫌；弱肉強食，西瓜偎大邊是常態；金錢財富很多時候勝於血濃於水的親情；清楚狀況、趨吉避凶、求救、莊敬自強、端莊穩重是安身立命的護身符；小資女最好遠離豪門婚姻，不管對方如何強力追求、長輩如何大力撮合；人生無常，女人要能撐起半邊天。而聖嚴師父以宏智禪師語勉勵我的墨寶「不觸事而知，不對緣而照」與吳義發老師醍醐灌頂的「慧覺智悟」相呼應，正描繪出清靜空悟的人生最高境界，好生做個美妙人才。廣欽老和尚一句「好也笑笑壞也笑笑」，更是輕描淡寫的勾勒出人生百百款，恍如過眼雲煙，莫不落入一笑問。瀟灑的一笑泯恩仇，感恩所有的逆緣順緣吧。

細說從前——一百分小孩

「為什麼沒考一百分？退步到第三名？這麼簡單為什麼會錯？這麼粗心！」媽媽的大眼睛瞪得像銅鈴一般，連珠砲似的狠狠罵著，揮動手中細細的竹條，重重的打在我腿上。還來不及反應，小小的身子被推到門外，「愛玩，去啊！」楞一聲，厚重的木門關了起來，還傳出拴上的聲音。很冷很黑，院子裡高聳的木麻黃在風中為念小二的我哭泣，鴨子、大火雞在黑暗中閃爍著眼睛，好像不懷好意，我好害怕。幸好貓兒偎了過來，給我一絲絲溫暖。

七歲的我心裡很清楚，我這阿公不要的、爸爸「去蘇州賣鴨蛋」的女孩，考第一名將來當醫生是唯一的出路，媽媽是為我好。可是我不知道為什麼沒考一百分，我都會呀！是媽媽說的粗心？如果是，為什麼會粗心？我做錯了什麼？沒考第一名自己也很傷心，為什麼要挨打又被趕出去？望向黑漆漆的天空，我問爸爸：你回答我啊！你為什麼被打一針葡萄糖就拋下我了？

風光的小人兒

下個學期，我穩坐第一名，不知道為什麼，我從沒有不考一百分。但是我開始有考試時胃痛的狀況，考完就好了——即便是現在打著這幾行字，我的胃還是抽搐著的。做夢，偶爾還會夢到考試失常。

在我念書的那個年代，沒有資優生這名詞，也沒有跳級，幾歲就該念幾年級，還有人故意七歲半才念，要贏在起跑點。小學老師的媽媽與她的同事們把學生分成優等生、中等生、劣等生。學生的學習狀況不外反應快慢、用功與否、細心或粗心。我通常被列入敏捷粗心一族，上課偷看漫畫、小說的技巧很好，老師講第一題第一回專注聽懂了，就開始偷看書，時間抓好，老師講第二題第三回時正好又張大眼睛聽到了，另一方面要注意窗外走過的糾察老師。就這樣一心多用的過起天馬行空的日子。

念書是副業，看小說、比賽才是正業。舉凡演講、畫畫、歌唱、跳舞、作文、毛筆字，除了賽跑、跳欄以外，無役不與、所向無敵。好像也不能說鄉下（嘉義朴子）地方人才少，小二這年拿了嘉義縣演講比賽第一名，打敗嘉義市內的學生，肅穆寬大的縣政府講堂沒有讓我怯場，還在那兒遇見時任議員的阿公，媽媽緊握住我的手，我們都很害怕。小五時，早上到嘉義市演講比賽得全縣第二名，下午回校模擬考也是全校第二名。凡是地方上國慶等慶典，我都是當然的小學生致詞代表，在校指揮國歌、體操，感冒發燒照樣出場不誤。兩條長辮子綁著紅蝴蝶是我的標誌。十二歲時神來之筆考下嘉義女中榜首，全縣男女保送生考試第二名（也是女生的第一名），初中（九年級）全校第二名畢業，十年級還遙遙領先。驕傲得不得了，下課總是第一個衝出教室玩兒。

芭蕾舞孃

小一時，學校來了一位非常美麗動人的十八歲女老師，擅長芭蕾。有女兒的人家包括媽媽一起去拜託這位陳碧勤老師，於是她半義務的在自家客廳教起舞來。我是那種第一天拜見老師，被老師抱起來就能雙腿筆直，並且馬上以大拇指尖踮起來的學生，穿硬式芭蕾舞鞋對我是輕而易舉。在小五開始升學補習之前，練舞是我一週兩次的運動、美姿美儀的培養，以及古典音樂的薰陶。媽媽買來便宜的白色府綢布，用她的巧手幫我做了一件滿是荷葉邊的漂亮舞衣，在聖誕節教會表演之後留下珍貴的照片，幻想自己是美麗的白天鵝。老師們有時善意的笑話我，舉手投足夾著童稚的純真與舞孃的幽雅，頗得老師們疼愛。直到大二土風舞課，還被體育老師大大的稱讚。可惜沒有持續運動練舞，身形腿形改變，或許哪一天努力去練回來，免得辜負了高掛的舞鞋。

身心症

但是沒有人知道，風光的小人兒背後有些兒辛酸。小小年紀的我，平常肚子沒餓時，胃就已經惦惦的不舒服，一緊張就噁心，胃更痛，因而經常出錯，連三加二都會算成六。直到十年級，考試時我很少擔心題目不會，都是擔心粗心，所以更緊張——題目不會只要多讀幾次就行，粗心卻不能控制。後來緊張到考幾天就拉幾天肚子、胃痛吃不下，動不動就喘起來不能呼吸，扁桃腺發炎、化膿，標準臉色蠟黃的藥罐子。

大專聯考時是發著三十九度高燒考的，當然敗北，幸好還是進了台大。直至大一，每逢考試，扁桃腺必化膿，耳鼻喉科教授不敢再用抗生素，叫我化膿時去讓他清洗就好。說也奇怪，轉入牙醫系後，不管怎麼熬夜，就只剩胃痛，扁桃腺鮮少化膿，即便是偶爾化膿也不再發燒。現在當然知道，這叫「身心症」。第一名、一百分與藥罐子，就這樣如影隨形的陪著我長大。

分分必爭的學生

我長成一個一領到成績單就開始拿筆複核教務處計算成績總分至小數點第二位的精明學生，以學期總分乘以每週上課時數，加總之後除以每學期上課時數，音樂美術體育都算在內，正是智體美要兼顧。我通常美術音樂得多得幾分來彌補跑不快的體育。校方錯誤還真不少，高一扎扎實實要回來總分一分多，於是我遙遙領先第二名總分二點多，十分欣喜，照這樣子看來，保送台大醫學系非我莫屬。

當然我是高興得太早了。鄉下女孩沒常識，這樣好康的事怎會輕易落到身上來？

高二開始，莫名其妙的干擾排山倒海而來，不忍再述。對十七八歲的學生來講，環境（包括老師們）真的很殘忍。心眼兒不再清清淨淨，念書變得比較有壓力，上學也有些緊張。

本來在這（十七歲）之前，只要看過聽過的東西就是我的，自動分類完畢歸檔貯存在大腦ＣＰＵ。考前糊里糊塗，考時比較清楚，考後又常常不知道我怎麼記得這些歷史年代；忘記要考論語，上學通勤的路上翻一翻書，默寫硬是滿分；上台演講自覺不知所云，卻經常第一或奪得滿堂彩。連地理歷史英文都可考到全校最高分，這個全校第一就變得有點虛，因為我不知道「運氣」怎麼總是那麼好，這麼會猜。我從不知道什麼叫作辛苦學習，上上課翻翻書練練算就好了，唯一的自律是功課做完才去玩耍、看小說。

媽媽從不管我，只要我乖乖宅在家，即便我翻破了阿嬤的日文《產婆學》或舅舅們的《南明俠隱》，看倒了鎮上的小說出租店與神父的圖書館也沒關係。什麼閒雜書都看了，暴力、黃色、奸險都有，幸好我膽子小，殺人放火姦淫擄掠章節一概跳過；裸體跟產婆學也差不多；忠孝節義懸壺濟世倒是記住一些。童話故事、文學名著、《紅樓夢》、《水滸傳》、《基度山恩仇記》，最喜歡《傲慢與偏見》，很欣賞李清照、華陀、扁鵲與史懷哲，覺得岳飛是大笨蛋，沒留青山哪有柴燒，當然三不五時也為賦新詩強說愁，或尼采、柏拉圖「我思故我在」、會兒。肯定是瓊瑤迷，很欣賞她說的一句話：「神經人人皆有，巧妙各自不同。」偶然也問問自己因何而生，要往何處去。所以自認不是用功的好學生，只是隨性讀書，甚至還帶點任性，提綱挈領觸類旁通一下，萬事ＯＫ，覺得可能真是過世的爸爸在保佑。

菩薩對於這樣缺乏父親管教、不知天高地厚的驕傲孩子，其實有一步步的管訓計畫。除了病痛的折磨恐懼，祂總是拿走我全校第一的美夢。早在國小畢業，不管我為學校爭取多少榮耀，小五成績多麼好，有決定權的老師在計算總成績時，忽然變更行之有年的方式，只算小六成績，於是比賽連連的我落到第三。導師當眾表達不公，憤而退席，媽媽哭紅了眼，夜裡也偷偷的哭。她知道孤女寡婦要出人頭地是這麼的困難。哪知一出校門應考，一連串的第一讓校方臉上無光，公正性被質疑，據說此後改變成以數次會考決定畢業名次。父家來相認了，母親簽字拋棄所有財產繼承權，祖父開始關愛我。媽媽的臉上有了光彩與笑容，正是現代版母以女貴，怎不令人嘆息。

高中時顯然相同的戲碼要再次上演，這次我不知是嗅到味道自動放棄還是被勸退，總之，升高三時，我雖然仍以總分一分多領先，但是面臨要否念物理（那時醫學系屬三類組，考生物不考物理），以及家境不好不可能保送台大醫科的說法，在高三第一次物理考仍居冠，表示我有能力之後，瀟灑的放掉了保送的念頭。我當然不懂保送為什麼要家境好，但是老師同學們言之鑿鑿，不得不信。十八歲領清寒獎學金的我很有骨氣的決定，那就自己考吧，了不起「淪落」北醫醫科。不是真的讓，而是我自以為憑自己的能力抓住未來，比期望校方「公正的裁判」可靠。

高二開始跟著大班補習，疲於奔命。考試病愈來愈厲害，被抗生素摧殘的身體沒能支撐骨氣，往往補習回家已經筋疲力盡，成績大不如前。到颱風天的聯考達到極致，整個考程發燒三十九度，考了什麼完全不復記憶，只記得排列組合考「庭院深深深幾許」，我完全矇住了！榜單裡我落入第四志願的台大護理系，是學校三類組考生末幾名，這真是鬼使神差。當時我的志願表短短的填著五個：台大、北醫、高醫醫學系、台大護理、台大藥學。後兩個志願是填來好玩的，護理是三類組台大最低分，在護理系後面填藥學，只是為了表達我對分子式的厭惡。

老天另開了一扇窗

哭腫了雙眼低頭閃進台大校園，無顏見昔日校友，尤其沈啟（現任民航局長）、黃希平兩位同學榮膺乙丁組榜首。精神上，我幾乎把自己禁閉在第九女生宿舍，往返於課堂與醫學院之間。我學會了靜靜觀察與思考未來。期中考與篇篇A＋的報告、五個圈圈的作文，讓我恢復了不少信心。我怕透了聯考，重考絕不考慮。台大校園很流行轉系，但媽媽不許我念那些出國才有前途的系。

當醫師的念頭始終還在，父親一針斃命與我考試病的疑團未解，也讓我不甘心。護理系沒修微積分，根本沒資格參加醫學系轉系考，幸好貴人及時出現！我幫同學代家教課，教嘯龍嘯虎一對雙胞胎，他們的牙醫媽媽在客廳擺一台治療椅，一邊看診一邊顧小孩。她告訴我收入不錯，每月有一萬多元（當時媽媽的薪水只有七百塊）。我興奮的打聽出牙醫系不用轉系考，醫院起薪因為比醫科少念一年所以少一百元，但申請資格卻不清楚。醫院的實習讓我很快清楚醫院的運作，我好奇為什麼輔助醫師的藥學、醫技分數會在牙醫之前，於是悄悄的把當時不被看好的牙醫系當成目標，但是瀏覽過《孫子兵法》的我不打沒有把握的仗，我只剩這次翻身的機會！只有鼓起勇氣到牙科門診找不知名的主任一問究竟，擒賊要擒王嘛！醫院找人有好處，名字都繡在胸前。靠著指點，問到簡秀雄助教，竟然在第三次見到當時的郭水主任，他老人家只給我一句話：「書卷獎甲來講。」這天之後，我的心篤定了，靜靜的朝著老天給我開的另一扇窗前進。

下學期我拿著成績單，向郭主任報告是書卷獎，他再次淡淡一句話：「妳申請吧。」不記得那個暑假是用什麼身分補修微積分，總之開學放榜時，我已經高分修好微積分乙，同次錄取的是現今牙科矯正界泰斗張心涪教授，他的兄長後來成為泌尿科教授，鼎鼎大名的陽明大學張心湜校長。鄉下女孩沒有花錢沒有背景也沒有受罪，開始圓當醫師之夢。

果然老天關了一片門，總不忘另開一扇窗。我以為從此我的世界應是彩色的。

狀元女變成落第生

我很喜歡牙醫系，同學只有十多位，都很優秀友善，同班上課的醫科生也是，能與全台最頂尖的菁英一起學習，偶爾還贏過一部分人，讓我十分開心。我在繁重的醫預科課程外，再補修二十五個學分，想不起來為什麼厲害到還可以去學國畫本描與雕塑，自己覺得這讓我學習本科時，眼手更靈巧，更能精準掌握牙型與功能，解剖大體時很精細的分離出條條顏面神經。我喜歡每一顆渾圓的牙齒，透過X光，它們好像優雅的芭蕾舞伶。醫學院女生宿舍就在優美的中山南路邊，我課餘參加綠野社、組織了插花社、練點鋼琴，生活過得十分充實快樂。不再夢想第一，Class Rank 維持在班上前三分之一。有很多朋友，是很好的垃圾桶，沒有男朋友，是室友們的擋箭牌。

大四下學期，很有趣實用的臨床診斷與藥理學加上一段純純的感情，幾乎毀了我。不知何時開始，一個大眼睛高高的醫科男生，經常來向我借筆記，像我這樣字跡清秀總坐在前三排從不缺課的女生，有人來借筆記原本沒什麼希奇，但慢慢的，我們卻開始約會。期末考藥理學的前三天，早上上圖書館時赫然見到他與一個女孩共打一把傘，純純的感情經不起打擊，於是考試時我一點也背不起來整理好的綱要。混亂的考完試，成績公布，這兩科竟分別是五十九分與五十九點四分，被二一且不能補考。據說系主任去與醫學系主任理論，五十九點四分應該放行，牙醫系學生被醫科課程以這樣的分數二一不合埋，我們自己有牙科藥理學與診斷學。鐵面無私的李鎮源院長不為所動，姑丈歐陽教授默默遞給哭泣的我一本厚厚的藥理學原文書，意思是好好念吧。或許是報應，我曾經是那麼分分計較的學生，學校來跟我計較小數點也是應該的。只是，日子怎麼過下去？

那年頭不像現在延畢的人很多，延畢等同留級，是多麼可恥的字眼！即便我不再心高氣傲，卻還是個有自尊心的學生。好不容易重建的信心再次粉碎！這回我知道為什麼沒考好，碎的是我對命運的憧憬。我早在十二歲已懂得質疑為什麼要有我，我從何而來，將往何處去？這回我忍不住問自己，難道我不配有男朋友、不能擁有幸福的家麼？現在當然知道，是菩薩不忍我步上阿嬤、媽媽的後塵做寡婦（這位同學後來心臟病猝死），硬生生拉了我回來。

放了這段感情，在家窩了整個暑假，貝多芬的〈命運交響曲〉與沙拉・撒特的《流浪者之歌》陪著我哭夠了之後，我體認到寡婦的獨生女兒沒有痛苦與頹廢的權利，開始尋求心理重建，盤算未來。我是心理學九十八分的學生，約略知道怎麼 make strong myself，申請每年只有三個名額的台大醫院住院醫師大概是沒指望了，努力臨床實習練好手感最重要。我有整個學期空檔，選了諸如兒童發展、電腦、社會學、病態社會學、美術史等實用有趣、分數也不賴的科目之外，好友逸蘭準醫師帶著我上教堂，向神父尋求心理諮商，也曾經請教病態社會學的廖老師，師長都很樂於協助。〈命運〉與《流浪者之歌》的樂章持續陪伴我經年，重修的藥理與臨床診斷高分過關，繳出一張漂亮的成績單。

大五這年，我擊退眾多優秀的醫科學生，申請到醫學院僅有兩名的高額（三千元）黃醫師獎學金，傳聞李院長為我的自傳與成績的重建所感動，認為我是當年最值得獎勵的學生。期間我請求新的牙科洪鈺卿主任讓我到醫院見習，缺人手的時代，老師們都很樂意。很快的，因為我認真又手腳利落，就開始讓我治療病人了——那年頭披上白袍就是醫師，沒有人會質疑，何況老師也看著。在醫院的日子很快樂，輕易完成老師交付的任務，慢慢發現工作很快升級，實習醫師時，已經在做臼齒的根管治療等住院醫師的工作。也真的住到台大醫院醫師宿舍，到病房學靜脈注射（協助醫科同學打針）等等，我的手很聽話，還頗受歡迎。那時沒有那麼多大醫院，畢業即失業的危機感逼著我努力學習，天天加班至半夜，無所不學，早早儲備獨當一面的執業能力。我發現自己坐圖書館的定力不夠，坐技工桌前耐力卻很好，接觸病人時也耐心十足，不是做學問的材料，但思慮周詳、手感很好，會是好牙醫。這樣的努力老師們都看到了，大六這年，我意外得到據說是牙醫系有史以來最高九十五分的實習成績，並獲錄取為住院醫師，開始正式行醫的生涯。這回我學會低頭、微笑、人人好；忍辱，遇謗不辯。希望未來一切順遂。

一百分小孩VS.班級等第

像我這樣經驗的人，如果還要求小孩考一百分，未免是不見棺材不流淚。那麼，放任嗎？也不。聰明的孩子演出要夠水準。該考幾分為滿足點呢？答案是「沒有一定」。看班級等第（Class Rank），在前段就可以了，當然Top 1%最好。專注的小孩不會差，相信他就是。若是他很用心但是結果不理想時，反該抱抱他酌予安慰獎呢！唯一一次要求孩子考第一是顯兒考醫學系轉系那次，我跟孩子說：「學校有辦考試，表示一定至少有一個名額，因為爸爸在醫學院教書，如果你考第二或第三被錄取，人家可能誤會名額因你而增加，校方有可能怕閒話而不錄取你，所以你只能考第一！」他做到了。至於女兒國中進師大附中，學科及智力測驗雙雙全校最高，么兒聯考差兩分榜首，都不是想像中事，更別提么兒幾科滿分，這明顯都不是我的基因。

牙醫系的郭主任以現在標準來講，是很懂資優教育的。他沒說總分多少來申請，而是說「書卷獎再來說」。我們班上可以有兩位書卷獎，小於Top 1%。他知道護理系一進校門就念拉丁文的解剖學（醫學生三年級才念，二年級先修拉丁文），開學第一天看著頭顱嚇都嚇死了，要聽懂都不容易。雖只有兩學分，卻耗去非常多時間。加以十八歲剛出高中校門就到醫院實習的女孩壓力很大，看到生老病死，有些人根本撐不住。那些受日本教育的醫學系教授，一點也不會姑息小女生，所以分數肯定不高。果然他收的轉系生都非常優秀（這點我很慚愧），而且沒有背景，除了先前提到的張心湉教授外，上一屆是前國泰牙科主任葉建武醫師，下一屆是長庚醫院的顎顏面科主任黃炯興醫師。目前則是要考試，考試自有其公正公開的好處，這是不可否認的。

顯兒國一班上第一名，總分卻落後他班的第一名有六分之多！我告訴他沒關係，你剛從國外回來，小學四年級到六年級都沒有在國內念，還不習慣，適應之後緩步上升，國三你就會很棒了。事實也是這樣發展。

每回看到報紙上大力宣揚滿級分小孩或某區榜首，心中非常不忍。但是看到他們笑咪咪的樣子，又不免讚嘆真是身心俱強的孩子，而深深予以祝福。至於我贊不贊成十二年國教，答案則是呼之欲出了。

阿花博士的婚禮

「媽，我想九月四日在 Crater Lake 結婚。」女兒在電話那端說。「是個什麼地方？」我問。「在波特蘭附近六千呎的山上，火山湖，很美的。」她說。六千呎？腦筋急轉彎一下，兩千五百公尺高，不就是玉山登山口塔塔加的高度？

「阿花啊！」我心中暗罵，怎麼把一干閒雜老人弄上那個高度，還維持精神愉快、身體健康幫她主持婚禮？不忍澆她冷水，口中盡量轉圜，但顯然她的未來老公很縱容，酷愛戶外活動的公婆也很興奮，就這樣定案了。

九月二日我們直飛西雅圖，換小飛機到山城 Medford 與小叔大姑會合，休息一晚，第二天到 Crater Lake 國家公園的山中旅館與女兒女婿相會，並第一次見到遠從印度來的親家。和煦溫暖康健，從沒有高山經驗的外子也沒出現任何不適，算是稍稍放了心。

半夜兩點半醒了過來，一方面掛心怎麼黏上那對假睫毛，一方面擔心從不上妝的女兒怎麼把自己弄成美美的新娘，山中當然沒有美容師與新娘祕書，那一頭又長又直的頭髮風吹過來會很亂。幸好三兩下我就把假睫毛黏好，沒什麼人小眼，有照片為證，牙醫的手還真不是蓋的，安心的上床再躺躺，剩下的就靠女兒自己打點了。

七點半女兒站在半身長的鏡前，長髮一把一把的夾，很快變成美麗的包頭，我幫她綴上紫色頭花，喝！絕對不輸專業。經過百貨專櫃小姐的指導，她自己化的妝也柔和美麗，只是真辛苦，站在鏡子前面已經兩小時了。

八點四十五分，大家在樓下集合往湖邊走，艷麗的太陽，無風無搖，湛藍的湖水平靜無波，像煞一面鏡子，因為大，周邊景觀豐富，硬是贏嘉明湖（南台灣的隕石湖）一籌。一位巡山員跑來跟我說，今天真是特別，湖很少這樣平靜。我忍不住衷心祈禱，他們的婚姻也能這麼一生平靜喜樂。

九點整，證婚人來了。她是位美麗的心理諮商師，說起話來溫暖風趣。天然的風景是禮堂，自然的樹蔭是屏蔽。花僮引著男女儐相捧著小花籃走過來，接著外子挽著女兒從樹叢那端慢慢走來，沒有結婚進行曲，沒有花俏的撒花瓣放煙火，沒有紅地毯，簡單喜樂，眾人報以熱烈的掌聲。兩人在湖光山色中海誓山盟，美不勝收，不得不讚嘆這對常春藤名校的博士新婚夫妻有點眼光了。

但是我的阿花女兒堅持禮服不長尾巴（一般婚紗常見的拖曳長裾），

也不戴頭紗。因為儀式需要，好不容易買了小小的黃金戒指（意在保值）綴著幾顆小鑽，硬是不戴耳環。她的定情物是一台二手史坦威平台鋼琴，我只好無言的拍拍手。

所以，生養了資優生，第一件要做的是把心臟、肌力練強，口袋放平。因為平凡的我們永遠不知道他下一刻怎麼出招，增強自己，才跟得上他們的步伐。口袋倒不需要太深，因為他們免不了有獎學金，也挺會盤算的，三不五時貼補一下就可以。他們自己會劃定要走的路，女兒說跳級不是用來補習的。即使聯考進了台大牙醫系還是轉出來，念了化學博士後還是再念鋼琴演奏。

去年英國發表一項研究論文，在追蹤二十年後做了這樣的結論：一般資優生做什麼像什麼，或許反不如一門深入的普通人。當然女兒還年輕，我不知道後來會有什麼火花出現，只知道現在每每見到李遠哲院長（女兒的大老師）都很慚愧。這個暖化的地球多麼需要她的才能！偏偏她還熱中自己浪漫的追求，阿彌陀佛菩薩保佑。有一天當她得到雙博士的時候，能清楚劃出方向，讓人生更豐富，並且利益眾生。

第三章

醫師家庭這樣教

我自己是牙醫，又嫁入醫生家庭，加上我本來就是個神經質媽媽，對於孩子的身心健康格外謹慎。以下把我自己教孩子注意健康的方法跟大家分享。

醫師家庭的健康教育：多疑心媽媽

我小時候吃太多藥，出入太多醫院診所，又跟著助產士阿嬤東聽西聽，雖說牙科屬外科系，牙醫的內兒科素養到底不如內兒科醫師，遇到了生養問題，也不免有些疑神疑鬼，於是我變身多疑心媽媽。

還躺在產台上，就趕快探頭瞧瞧大哭的孩子有沒有唇顎裂，是不是七孔俱全，有沒有手足完整；坐月子當中，被出生二十天就翻身出搖籃外的老大嚇到了，努力探討一下是不是過動兒，搞不好哪個腦細胞不對勁；難產的女兒襁褓中就引誘她抓我的手指，看看力道夠不夠，有沒有腦麻兒的徵兆；而罵我壞媽媽，並作勢要打我的三歲小鬼頭，更讓我緊張的探討孩子是否有暴力傾向。當然免不了是一場虛驚，但如果不這樣，怎知孩子們聰明、有更多愛的需求，女兒確實有問題，得多做陪伴、提早療癒、適時栽培呢？

在專業的執行上，我也有點神經質。可以為病人的病情失眠，可以為兩個底座小氣泡的活動假牙加班竟夜，牙疾患友就是要「針下痛除」好吃好喝，況且醫生醫生，不是醫死！

在公共衛生學上，我更絕對不願意因為治療牙疾，而經由我的手把其他如肝炎等傳染病傳播出去，包括傳給自己與家人。不戴戒指，免得頑強的細菌躲在雕花的溝紋中混著食物攙和著給家人吃；除在診所設置二十四小時循環抽氣、空氣潔淨機，並且在車牙齒時多加一個空氣抽引機，務求空氣乾淨；也讓病人如在開刀房一樣穿上鞋套、戴上隔離帽，所以診所沒什麼醫院診所常聞到的藥味。

身為神經質牙醫跟多疑心媽媽，雖然絕大時間都是瞎操心，但也的確提早防止了一些問題發生。各位跟我一樣多疑心的父母，可別小看了疑心的正面效應。

醫師家庭的健康教育：病從口入

「媽，我刷牙好厲害！」這句話太誘人了，不刷牙的小子怎會說出此話？趕忙跑去浴室一看，卻差點沒昏倒。這小子一身溼漉漉，笑咪咪的拿著蓮蓬頭，齜牙咧嘴的對著牙齒沖！果真是天才，平凡的牙醫媽媽做夢也沒想過有此妙法！發明沖牙機的人大概也是這樣來的靈感吧。

大學五年級時看過一位病人，牙齒滿口銀粉補得很差，卻沒有一點牙周病，據病人說他長年使用沖牙機，從此我成為沖牙機的粉絲。幫牙齒沖洗、給牙齦做ＳＰＡ的觀念，太帥了！

我這種神經質牙醫媽媽，深懂病從口入的道理，也清楚它傳播的管道。從口中的膿、傷，錯誤、不潔的食物，到化學物質、蔬菜中農藥殘留，都緊張兮兮。

先從戒指開始說。婚戒戴的日子寥寥可數，也是牙醫的媳婦乾脆把戒指戴在脖子上。我們怕工作殘留的細菌、雜屑從雕花的金子銀子縫縫跑出來參加食物的盛典，群魔飛舞在腸道、氣管，小則拉肚子，大則口沫感染的病都來了，當然要謹慎，謹慎到如果自認沒動手術刷手般的乾淨，就不弄嬰兒食品。

牙膏、漱口水我也敬而遠之。從小衛生教育教刷牙，卻都沒有提醒我們注意牙膏漱口水若沒漱乾淨，殘留化學物質日積月累可能造成身體的傷害。教科書上講得很清楚，不管是牙膏、維他命、化妝品、洗碗精、洗衣劑等，各家廠商都有合法存在的微量元素不需列管，即便是嚴謹出名的美國食品藥物管理局（ＦＤＡ）都許可各家有特色。所以我對這些日用品沒有忠誠度，一向三個月、半年跳著用聯合國牌——各種不同廠牌，統統有獎。唯一一次例外是因為太喜歡美國某知名化妝品的香味了，一用五年，沒想到一夕之間所有它的產品都讓我癢癢，想是對所含香精的耐受度達到飽和，也就是過敏了！至於牙膏，在有充裕時間漱口或需要口氣清香（例如去大蒜味）時才用，否則寧可用鹽巴或只用清水。刷牙（潔牙）主要是去除細菌含量高於馬桶蓋的牙菌斑，而不是殘留一些清香劑告訴別人我刷過牙了！機械式的清潔得法，遠勝於用牙膏滅菌。想想一條廉價的牙膏能有多少殺菌力？

俗話說「牙痛不是病，痛起來要人命」，其實大大值得商榷。嘴巴是七孔之一，位在頭部，若有任何傷口，與腦、眼、耳傷一樣危險，而且病原菌還不停的進入。很多病在唾液中都採集得到病毒，包括愛滋病，在這頭肩頸「危險三角」中，細菌都是全身跑，很容易堆積在心臟、腦部，危害生命。

因一顆膿牙引起蜂窩性組織炎、亞急性心內膜炎，孕婦早產、流產，這個算盤誰都知道不划算！解決的方法卻是非常簡單，潔牙潔牙再潔牙！從小教孩子養成口腔衛生習慣，是一輩子的財富！讓牙醫變成夕陽職業，豈不是超痛快的。

醫師家庭的健康教育：動得健康

鄰居是標準上班族，不菸不酒，勤於運動，有「傲人」的驗血報告單。每天五點下班之後在台北街頭慢跑至七時，而後舒適的沐浴、享受晚餐，二十年如一日。前一陣子忽然住院手術，說是肺癌，沒多久就走了。誰是殺手已經呼之欲出，前些日子回朴子老家，正逢大陸沙塵暴來襲，草木蒙塵。我眼痛難耐，朋友咳嗽不止，不禁恍然大悟，「海口風」正是我當年經常呼吸道感染的罪魁禍首。

四月七日是世界衛生日，世界衛生組織（ＷＨＯ）曾提出「為健康而活動」(Move for Health)的口號，作為當年的主題。全國各縣市衛生單位也相繼推出運動、減肥的招數。只是，如何在安全的環境中有效的運動，毋寧是最重要的。

動植物生存三元素——陽光、空氣、水，連幼稚園小朋友都能對答如流。天威難測，日照與否不能掌控，乾旱、水災無法拒絕，空氣總該是取之不盡用之不竭的吧？偏偏正因為是無所不在、自由流通，所以產生無遠弗屆的空氣污染。遠來的沙塵暴也要叫我們生病，衛生、環保、教育單位當然有義務舉發本土的污染，加強教育民眾認知空污傷害的嚴重性，以及如何自保。眼罩、口罩，防毒面具業者免不了大發利市，口罩與服飾的搭配，說不定如墨鏡一樣，是未來流行的要角呢！

走路、慢跑，這些年因其便利性，大大的被提倡，而打拳與各類韻律舞蹈一向被人喜愛。於是山徑中、公園裡處處可見汗流浹背的「行者」與舞者，熙熙攘攘好不熱鬧。旁觀者有時卻不免難過。撇開噪音擾人、劃地為王、擅自搭建違章不談，「動得不對」是最大隱憂。譬如有些山友，落腳沈重，氣喘如牛，下坡超快猛衝，只著拖鞋甚至高跟鞋，都讓人為之捏一把冷汗。

而舞動、打拳有的只是依樣畫葫蘆，有的則是太過使力，以致關節痛、肌肉拉傷者有之，號稱「天天動」仍然挺著大肚子的有之。其實運動是肌肉與骨骼的協調，舉手投足，務求正確扎實，呼吸順暢，血脈暢通，新陳代謝旺盛，心肺功能要不好也難。

運動是自己跟身體的對話，感受肌肉的緊張（有所謂等長收縮與等張收縮）與放鬆，體會骨骼受肌肉牽引而動作，享受律動與平衡、力與美的喜悅，也由衷感謝心臟的善盡職守。與其勉強跟著音樂手忙腳亂，不如隨著自己的速度，靜靜的、有效穩定的動。當我甩掉穿了超過三十年的護膝，跑下塔塔加（玉山登山口）時，心中的感動，真非筆墨所能形容。

馬路如虎口、校園如戰場是愛動族另外的痛。行人路權不彰已經積非成是，學校擁擠不堪發生多少意外！錯開每節下課時間，或許是使好動的孩子能享有較大活動空間的理想方式。

歐美的月亮不比台灣圓，但是空氣、水質比較好，運動空間規劃較完善，師資較佳，卻是不爭的事實。我們響應世界衛生組織的口號，硬體軟體必得同時準備好，才能真正動得健康，否則畫虎不成反類犬，徒然增加自己的痛苦，給健保局增加支出而已。

醫師家庭的健康教育：走路

好好走路走好路，是孩了一學步我就盯著的功課。女兒的手腳是我一生的痛，人生中的困頓與三進三出產房才把她生下來的辛苦，都遠不如每次見到她動作不平衡時心中的絕望與酸楚。沒想到在美時，一位平凡的鄉下女老師，一下子就切中要點！

當時念小一的么兒回家來說，老師要大家「Tiptoeing」。蝦米？胖胖的老師天天陪著孩子踮著腳尖走路？兒子語言不通，問不出所以然來，直到我去學校當 Helper（媽媽老師）實地查看才知道，這是要求孩子們一進入教室就像貓兒一樣細細碎碎的走路，免得打擾到別人。也因為這個做法，這個美東小鎮小學的學生個個從小就抬頭挺胸，昂首玉立。

小時候受了幾年芭蕾舞訓練，阿嬤也常規範我，女孩子走路不可以「粗腳重蹄」，要「踏死螞蟻不死」。慢慢的，我發現這學問可大了，是最尊重他人並符合健康需求的走路方式。日常生活不說，對我最切身的例子莫過在牙醫診所，由於考慮吸音（磨牙機的高分貝運轉聲十分惱人）及管道維修，經常考究的採用墊高木質地板，再鋪地毯，讓人員的移動幾乎沒有聲音，這時如果來了「蹬蹬蹬」重步伐的人，就像是個「持槍闖入者」一樣引起大家側目，干擾到治療中的醫師與病人，當然不受歡迎囉。

武俠小說中的人物都有「輕功」，飛簷走壁凌波虛渡高來高去。學醫後，我嘗試用解剖、生理學的知識去解釋可能性：觀察路人步履匆忙、優雅或沈重，是我等紅燈時的樂趣；更是不能錯過欣賞揣摩登山時健步如飛的銀髮阿公、阿嬤，賽跑時跑者衝刺時肌肉的動作（尤其猝逝的短跑好手花蝴蝶葛瑞菲絲・喬伊納），或是伸展台上的志玲姊姊。我發現，他們有共同的「舉步」方式，把腿從腰部提起，腳輕輕放下，像拉皮偶一樣，以腰為軸心，股、膝關節只是被「吊」起來的點，靠腰腹臀的肌肉及股直肌（大腿內外側）做收縮而提起腳，落下時，另一隻腳的後腿打直，骨盤略向對側旋轉，把身體向前對側送（有扭腰的感覺，多出半步，速度快很多），上身跟著略側轉，邁出穩定的步伐，簡單講是「從腰部伸出腳的感覺」，於是「會」走路的人多數擁有美麗的腰線、圓潤的腿形、挺直的上身、健康的關節與輕盈的步伐。「會」走路的人，如行雲流水般移動他們的位置，重心幾乎不停頓！女兒的美麗，來自這樣的訓練。

學會這個道理之後，現在的我穿起牛仔褲自認比年輕時線條好哩。與聲樂家辛永秀教授做了三十年的鄰居，她也深諳此道，身段挺直優雅，讓我嘆為觀止，即便身著睡衣，也沒有一絲邋遢！

我學生時代就開始腰、膝、踝關節痛，扭傷是家常便飯，最過分的一次是血拚時看看櫥窗忽然就走不動了！當時以為很快就得要坐輪椅，不死心訪遍中外名醫，想繼續走動就得努力，小心的踩著每一腳步。走動時都溫柔的問膝蓋，「這樣好嗎？」讓落腳愈輕愈好，就好似被要求做一名好牙醫的「Feather Touch」（虧日本人想得出來這個名詞，羽毛般的輕觸，病人當然舒服）——我要求助理們在生雞蛋殼上刻字，不可磨破內膜，蛋清流出來就不及格了。要讓我的腳「踩死螞蟻不死」、手「生雞蛋捏不破」，有勞肌肉群，免了關節們「硬碰硬」（軟骨隨年齡的增長會鈣化）的摩擦與震動（請準備吸震與抓地力強的鞋）。如果「Feather Touch」做得到，那麼凌波虛步就大有可能，而像我這種老病號，慢慢變成「步長」、「歹路嘸湯行」、「歹腳步嗎嘸湯踏」，於是日行萬步、攀登高山都不是夢了。

據健保局公布的資料顯示，國人一年為腰痛、膝痛付出數十億費用，也因為行不得也，喪失很多人生的樂趣。如果從小確立正確的走路方法，除造就出許多俊男美女、運動員之外，更讓大家走出長遠的路，創造健康、豐富的人生。在健保永續經營的功勞簿上，也可大大記上一筆！

醫師家庭的健康教育：保肝防愛滋，人人有責任

「以後可以天天游泳了。」七歲的女兒站在馬里蘭州 Frederick，Waverly 社區大大的泳池畔雀躍的說。為了哥哥的氣喘、她無力的腳，三小已經練長泳三、四年。在台北為了找一個五十公尺泳池常常煞費周章，而且得跑老遠，現在泳池就在身邊，真是太棒了！可是，「不行ㄟ！」我狠心的澆女兒冷水，「怕有傳染病。有一種很新的傳染病出現，一個牙醫死了，都還不知道怎麼被傳染的，更不知道該怎麼治。」我一連串用了三次「傳染」字眼，為的是加深印象。「妹妹不要啦！」果然理性的九歲哥

哥說話了，「媽媽那是什麼病？」他轉頭問我。「ＡＩＤＳ，後天免疫失調症候群。有位牙醫幫病人做根管治療，手上沒有傷口，也戴了手套口罩，但是被傳染死了，不知道是怎麼一回事。」

一九八七年，愛滋病剛出現幾年，我因為考美國牙醫執照，盡量汲取新知，在有限的資訊中學習。牙醫與醫檢師之死一直是個謎團——牙科屬外科系，每天打針動輒見血甚至深入骨髓。

一九八九年返台後，台灣大多數人（包括醫師）還不知道有這個病，偶然跟剛取得流行病博士的涂醒哲醫師（ＳＡＲＳ時任衛生署長）聊聊，他認為台灣愛滋病人大概有數千人左右，作為肝癌研究者的太太，我變成一個神經質的牙醫，肝炎的傳播已經很難抵擋，加上這個妾身未明的愛滋病，不要幫人不成反害人。科學家自己都一頭霧水，第一線醫師怎麼辦？想來想去只能當作每次接觸都有可能感染，才能保護自己、家人和病友。

於是我把所有器械都丟進高溫高壓鍋消毒，科學家說消毒十五分鐘，我就消毒三十分鐘。沒想到完了！有些東西扭成一團，新購的器械鈍得不能用，昂貴的高速磨牙機不輪轉，我當場傻眼。助理人數要增加，器械不停的添購，還得說服病友為什麼要這麼麻煩，為什麼有些器械最好自備，臉上於是經常三條線。

一九九三年《民生報》來採訪，距我推行「一人一機」運動已經慘澹經營三年多。各大醫院牙科相繼實施，令人安慰，我一向尊敬的老師洪朝和醫師把剪報掛在新光醫院牙科，最讓我感動。衛生署的友人叫我寫ＳＯＰ，我不敢接受，因為我自認學術背景不夠，要養家也沒時間。不少同業打電話來診所謾罵，讓我十分傷心，但是不能怪他們，收費跟不上增加的成本是無解的。醫療成本高，健保給付緊縮，必須以自費貼補。以做功德的心態來做會比較開心。

二十年很快過去，經由科學家的努力，愛滋病已經變成慢性病，二

○一三年的目標是零死亡。台北醫學院的林宜君醫師在世界愛滋病日表示：如果早期確診是愛滋病毒感染，而且在ＣＤ４細胞數小於三百五十（單位細胞數／μL）以下就開始服藥，ＨＩＶ病毒感染者跟一般人罹患疾病所承受的風險差異不大。但如果ＣＤ４細胞數太低且延遲治療而產生伺機性感染，死亡率就會增高。林醫師並且以聖嚴法師的四它「面對它、接受它、處理它、放下它」來鼓勵感染者，對於愛滋病的認知要正確。在二十一世紀，愛滋病是能控制的，不能逃避，所有醫師及個管師都會盡力協助輔導，一般民眾對該病要有正確的認知和衛教，大家互相配合，既不讓患者就醫權益受到侵犯，同時也讓其他未受感染者也能有適度的保護。以第一線開業醫保護其他牙疾患友的立場，我建議健保卡上應註記，由專門院所來治療愛滋病患，提供更完整的照護，並保護其他人。愛滋人權與學童安全，恐怕是當今政府的大課題。美國前國務卿希拉蕊正賣力遊說保住協助全世界五百一十萬愛滋患者的 **REPFAR** 計畫，即盼望能擴大藥物治療規模，推動愛滋病防治的新策略。

二〇一二年台大誤植愛滋器官事件引起社會譁然，傷及無辜，很是遺憾。但是連一個偶發墜樓事件的器捐者都是愛滋病患，可見一向諱疾忌醫的國人，現在實際愛滋人口至少有官方資料兩萬人的很多倍，大家乘一下，有多少感染人口就心知肚明了。根據疾管局統計資料，國內愛滋感染者人數增加最多的年度，第一名是二〇〇五年的三千三百八十人，其次為二〇〇六年的兩千九百一十八人，而二〇一二年截至十一月底為止，就已經篩出新增兩千零四十一人，躋身歷年來第三高紀錄。疾管局表示，全因篩檢特別「用力」之故，光十月份推動的「I-Check 要（愛）檢查」活動，在家從口腔黏膜摘取檢體，兩個月期間就篩出一百七十多人。台灣露德協會祕書長徐森杰表示，目前大部分國家的新增愛滋感染者人數都在下降，台灣卻逆勢成長，這是值得關注的潛在警訊。

這個病的傳染力仍然超強，不可等閒視之。當今健保體系之下，過度勞累的醫護「看病人看到憨面憨面」（當年長庚醫管始祖莊逸洲的名言），無法面面俱到，除責成醫療團隊更加謹慎小心之外，也該虛心檢討源頭：經費不夠、人手不足、設備不夠精湛。不禁夢想有個電腦防火牆，一旦重大發現立刻嗶嗶作響，要不聽到也難！

醫師家庭的健康教育：門風

去應門的兒子很快就要閃人，「誰啊？」我忍不住問，八隻眼睛不約而同望著他。「病人家屬，我像你那樣做了。」他要言不繁，我贊許的笑面對其他六隻轉向我的眼睛。「多桑，阿川交代不能收。」我開始釋疑。「如果病家表示謝意又有錢，收收不妨吧？川啊在讀書又沒有薪水。」老人說。「不好啦，我們分不清楚人家有錢沒錢，況且一開了頭，就很難收尾。沒送的人會不安。我工作收入還可以。」

公公點點頭。日據時代高女畢業的母親望著我的眼神轉為欣慰，而不識字但熟悉忠孝節義故事的婆婆說話了，「對啊，人家生病已經很可憐了，怎麼能拿人家的錢？」我家的門風就在四個親家婆媳、年齡加起來超過兩百五十歲的談話中確立了。

小時候，阿嬤是自行執業的助產士，接生、幫娃娃洗澡都沒有公定收費，產婦家屬量力隨意以紅包袋包著送，窮苦人家不收費。所以阿嬤家紅包不斷，看著她退紅包、協助窮人家，也知道有些有錢人其實很小氣，覺得照顧好他們是應該的，反倒中下家庭非常感恩。我心中對所謂紅包慢慢有了自己的一套標準。

醫界收紅包是日據時代留下的習慣，醫院醫師待遇不好，收受紅包貼補變成一種常態。但是時代不同了，公立醫院醫師是公務員，薪水以外的收入不能有，社會以貪污收賄看待。況且外子的病人多是癌症病患，來日不長，眼看一家生活都要面臨很大改變，說不定就此陷入困境，正是一人生病全家亂。醫師救人是天職，拿這種錢好像搶劫，若是病人因送不起紅包而心情鬱悶，導致病情惡化，更是罪過。君子愛財應該取之有道。

目前任職哈佛大學醫院的老大，高中時曾懊喪的拿著有史以來最低分的英文作文給我看，「媽，都是妳不好，說醫師只是有趣平穩能助人的行業。老師說，立志當醫師要有神聖的理由！」我瞠目結舌答不出來。念醫學系二年級時的么兒也曾看著疲憊的我，一臉不解的問：「媽，妳自己當醫生那麼苦，為什麼還要我們學醫？」大哉問！晚上九點半收診，我真是累得無法整理昏亂的腦筋做出整體的回答。女兒則是逃之夭夭，遠離醫生這個圈子。

所謂 e世代的台灣孩子，成長於安逸，多數不知人間疾苦，於是「哈日」、「哈美」之餘，飆車有之，嗑藥有之。部分有幸自外於這些誘惑的優秀孩子，籠罩於濃濃的社會價值觀之下，習醫、電腦、法律、金融……以便通往人生坦途，證明他是佼佼者，滿足自我期許與父母的期望。而在台、美、日的社會中，過去醫師因著長時間身心的付出，得到優渥的待遇與普受尊敬，是不爭的事實，但是學有專長的醫師，可說是標準「小」器晚成（只專精於身體某一部分，故曰「小」），箇中競爭與辛苦很少被提及。以醫科七年，住院醫師四到五年，博士或專科（次專科養成）四年估算，一個所謂「成熟」（能獨當一面）的專科醫師是「三十五高齡」。三十五歲的博士，在大都會中，大約是副理、經理級了吧，月薪二十萬元並非遙不可及的夢想，科技新貴及演藝人員更遠甚於此。

這些年，很幸運有機會與國內外名醫為友，探討他們的心路歷程，多數是緩慢形成的，來自對真理的執著，生命的尊敬，以及對肩上責任的深切體認，一步步「撩落去」，少有宗教家般的狂熱，在「小（準）醫師」的年代就以天下蒼生為己任。俗話說「泥菩薩過江，自身難保」，又說「修身、齊家、治國、平天下」，身未修，家不齊，就急切下鄉奉獻，豈非自誤誤人？都市叢林中這樣多疑難雜症與事故待解決，下鄉做史懷哲並非是奉獻的唯一選擇，例如在高深學府中戮力研究，找出致病因子，一舉殲滅某種疾病，就像台灣大學楊泮池校長的團隊找到台灣女性的致肺癌基因；或在政府機關中任職，制定優質醫療政策，造福百姓，所做的功德更大，就像許故署長子秋先生所說的：「一個一個救，要救到幾時？」正確的行政措施，可以救成千上萬的人！他本是收入優渥的婦產科醫師，「並不是對公共衛生有特殊的興趣，才去念防疫訓練班，只是看上了讀書有吃有住，為了等船回台灣（從徐州），也為了解決民生問題，沒想到從此踏上這一行。」夫人這麼說，而後來他對台灣人的貢獻有目共睹。

二十郎當歲的孩子，長於父母翼護之下，在錢多事少離家近的同儕就業心態影響下的醫學生，能有四成左右是為興趣與服務人群從醫，已屬難能可貴，試問其他科系學生，糊里糊塗讀到畢業的比例有多少？學醫的孩子天真不設防，超過一半的人坦白回答了不知如何設計的問卷，我認為應該珍惜。不同設計的問卷，往往誘導出不同的答案。若依此謾罵、輕侮，以後孩子們都不說實話、自暴自棄，或誤導社會大眾的看法，豈非適得其反？假如優秀的孩子不願從事這種「錢少事多有家歸不得……要值班也」、「沒有勞基法保障」、「週末不能陪女朋友」、「被扎一針小心得愛滋」、「一不小心就刑法伺候」的工作，把習醫的機會讓給資質較差的人，民眾的健康哪能得到得到良好照護？美、日與台國情不同，收費標準迥異，工時與收入難以相提並論。

請像醫學生的家長一樣，體諒孩子深夜苦讀醫書的苦，心疼他值班（二十四小時當班！）熬夜的累……回家只知道睡，「吃」都不用了。以一般社會價值觀來看待他們，不要過度道德期許。羅馬不是一天造成的，良醫不是短期內可以養成。孩子就是孩子，玩心難免有，人格的成長尚未成熟，請給予鼓勵、引導，尤其是學界、醫界前輩！請多表揚看診細心，專治疑難雜症的良醫，以為表率。各級學校中，家長會對教學影響深遠，醫學生的家長們，對受責難子弟的學習，可有置喙的餘地？盡心栽培子弟，期待他成為良醫的家長想必十分痛心與慚愧。養不教父之過，教不嚴師之惰，大家共同努力培育良醫良相。

「人文領導科學」應是深植人心的教育理念，有待大家共同努力。各行各業皆然，不單是對醫業而已。至於醫師作家王溢嘉、侯文詠、年輕的小志志等皆有不錯的表現，應該多予肯定、鼓勵。

醫師家庭的健康教育：胎教

像我這種把《產婆學》當兒童讀物、修過兒童發展學的醫學院女生，基本上不會太多。

每回我懷孕時，總是會認真想想胎教的問題。但當年我是個在台北打拚的年輕住院醫師，一年一聘，各科訓練嚴謹，不但要面臨總醫師遴選的問題，醫院裡性別歧視有意無意的存在著，心情不可能太平靜，忙碌是必然的。加上新婚的適應、房貸的壓力，除了偶然念幾聲「阿彌陀佛」外，實在沒辦法有什麼時間休閒、坐下來聽音樂做好胎教。

當時我們崇拜的對象是婦產科的江千代醫師，她接生到自己陣痛得厲害才上產台，生產後馬上就去幫病人開刀，所以每位女醫師都是上班到陣痛開始才休息。想來這樣堅韌的性格與續航力，以及醫師的雙語訓練，是我給老大最好的胎教。懷老二老三時正逢換工作、新開診所，壓力大到只覺平安就是福。這時的胎教，大概就是學習創業維艱，永不倒下吧。

目前3C產品普及，隨時隨地可聽音樂、經文，與胎兒說說話，摸摸他，還可帶著3D攝影照片，看看他，日本已經有廠商做出胎兒模型、樣貌，讓孩子日後也可知道自己出生以前的模樣，等於是母嬰提早見面呢！而臍帶血的保存，更是救人救自己。

懷老三時，我找到一卷模仿子宮內情境，例如動、靜脈聲音的錄音帶，我們聽來有些無稽，姑且一試，一直到出生二十天左右，它確實能讓 Baby 安睡。現在更簡單了，請醫生錄一卷自己的，想必能讓 Baby 睡得更好，頭好壯壯。據說佛教徒每天念誦的《普門品》、《地藏經》，基督徒念誦《聖經》〈路加福音〉第一章以及〈詩篇〉第二十三篇，孩子聽了都會長得聰明可愛善良又貼心。

妊娠期四十週，一般分成三期，First、Second and Last Trimester。我試著列出懷胎七美（Lucky Ⅶ），這是悠閒的準媽媽能做的事兒，上班的媽媽請盡量隨時隨地保持愉悅的心情，喜樂的工作最重要，認真的女人最美麗。分享如下：

懷胎七美（Lucky Seven）：

一、心美，心量大：保持美好的心態。每天高高興興，家庭和睦、家人支持，喜樂的工作。

二、家美，溫暖舒適的家：好生布置一個溫馨舒適的環境。例如在房間裡貼上漂亮可愛的寶寶海報，經常看，寶寶有機會變得更漂亮。

三、身美，健康即是美：保持最好的健康狀態，不煙不酒無毒。在牙科方面，一知道懷孕 First Trimester，比較不吐或噁心時就去洗個牙，不要照X光。由於荷爾蒙改變的影響，容易牙齦發炎。如果本來就牙週不好的人還會長妊娠瘤（Pregnancy Tumor）。牙周病或根尖膿腫的細菌會透過血液影響胎兒發育，嚴重時會引發早產或引起媽媽本身亞急性心內膜炎（SBE），造成生命危險。而像我這樣眼尖的牙醫，熟悉的牙友在做妊娠檢查確定之前，就可看出懷孕的跡象呢。Last Trismester 生產之前再洗一回，這時如有需要，照X光已不妨礙了。準備做個口氣清香、沒有傳染原在口中的優質媽媽。如果不幸發生狀況，不須打針的無痛雷射脈衝光是很好的治療方法。其實只要信心堅定，偶有意外也無礙。我照顧過第二孕期時牙顎骨折的患者，後來順產一切良好。

四、音聲美：Second Trimester 是音樂胎教的最佳時期，開始聆聽聲音之美。

聆聽：慢慢的會發現他喜歡什麼。清柔、舒緩的音樂，包括莫札特、搖籃曲、佛樂、聖歌都很適合。Last Trimester 時，就可讓寶寶挑自己喜歡的音樂了。輪流把每一張CD的樂曲都聽一遍，觀察他的反應。

歌唱：讓胎兒熟悉柔和的媽媽的聲音、曲調。據說寶寶出生後每次哭時，把懷孕時唱過的歌唱給他聽，馬上就不哭了。最推薦〈奇異的恩典〉、梵文〈大悲咒〉與國台語〈心經〉。

五、言語美：天天用優雅的語言說故事、念詩、文，雙語不妨。如果有哥哥姊姊正好一起分享，可增強寶寶的記憶力與對語言的熟悉感，學習第二語言會比較快。身為佛教徒的我強烈建議讀《普門品》等經文，據說要少讀《金剛經》。好也一句壞也一句，讓自己與寶寶習慣讚美、不傷人的語言，促進和諧。

六、互動美：指的是撫摸輕觸（Palpation），也可抓抓他舞動的手腳，提早開始母子親愛的互動。撫摸胎教不僅對寶寶有好處，對準媽媽也有好處，懷孕時經常做撫摸胎教等同按摩，產後肚子上會比較光滑，妊娠紋也會較少。

七、律動之美：每次聽音樂時，可一邊撫摸腹部，一邊和胎兒一起做運動。也可上健身房，經驗豐富的教練能教導適合的運動，並使生產順利。

有位懷胎三十八週的準媽媽來洗牙，憂愁的撫摸打橫的胎位給我看，說第三胎了難不成去剖腹產？我建議她試試「懷胎七美」，兩週後，我們就接到她開心的電話，幾天前，還吃了她送的滿月油飯與雙紅蛋呢。

請好妹子們每天有恆心的做，祝福大家都有貼心的健康寶寶。

曙顯最漂亮？VS.三歲決定一生

小一開學第一天，我去接老大，第一個孩子第一天上學，我有點焦慮。下課時間到了，我正好一腳踩進教室，前面一堵人牆，見不到裡面，耳朵卻聽到老師說：「曙顯最漂亮了。」曙顯？不是我那黑黑烏烏個頭兒小小的兒子嗎？一屋子清秀俊美的小女生小男生，哪輪得到他被稱為漂亮？再聽下一句，「坐得這麼端正規矩，非常專心。」我更訝異了，他來自自由的師大附幼，老師、園長擔心孩子們進了小一不守規矩，最後三個月頻頻對家長打預防針，想必也對孩子們耳提面命，說是要給孩子適應排排坐上課的過渡期。加上顯兒是自從出生二十天會翻身就沒安定過的孩子，一天得三個大人陪他趴趴走，東翻西摸拉院子摩托車推腳踏車的男生，怎麼會是這個台北首屈一指小學好班（那時候還可以拜託選班）的最規矩學生？

顯兒滿異類的。話說出生二十天時，好好的睡在搖籃裡，我因產褥熱，用了很新的抗生素，才出院不到一個禮拜，很虛脫的躺著，猛然聽到「ㄆㄧㄚ ㄆㄧㄚ」兩聲，說時遲那時快，穿著長嬰兒袍的他已經兩個連續側翻，趴在水泥地上哇哇大哭。阿嬤說接生一輩子，沒見過這樣的寶寶，這是個孫悟空嗎？我很擔心。好在往後的兩個月，在台北上班的我除了聽朴子阿嬤、媽媽說他打開眼睛就不睡覺、連兩分鐘也不能靜下來看電視、吃不多之外，倒也沒什麼不對。

三個半月大時我回家看他，母子親愛的躺著，赫然見他手肘一拐撐一下床，跌下床去了！哭聲慘烈，我嚇壞了，忘記要抱起他。不是說七坐八爬嗎？怎麼三個半月就爬？而且還用手？大醫師們跟阿嬤都不能解答，復健醫師提醒我小心他的腰椎。還是擔心為什麼這孩子橫衝直撞，不能好好的用四肢爬。好在很快會走路，一歲會說話。

阿嬤嫌他沒有我聰明——我八個月大就會說話，而且他四處亂抓、吃碗飯在院子趴趴走一小時很不好帶，還好除此之外尚稱正常。幼稚園猛追國語，沒什麼規矩上的問題，心中稍安。沒想到一進小學是班上那個最正襟危坐的學生，在美國念小四的第一天，也是因為他的專注讓老師發現他的數學能力超過一般四年級學生，而被送去做數學測驗，並沒有通知家長。

我不懂這樣的學習發展在「三歲決定一生」的觀念中占了什麼位置。當今他是哈佛大學腦神經醫學博士，便這樣為我釋疑：

顯兒：據估計人腦大約有十的十一次方個神經細胞（神經元）。

我：就是100000000000？是一千億嗎？（我算的。）

顯兒：每一個神經元大約跟其他的神經細胞形成約七千個連結（突觸）。

我：一千億×7000？＝700000000000000？

顯兒：據估計三歲小孩約有十的十五次方個突觸。

我：天哪，我頭昏了！

顯兒：而成年人約有十的十四次方個突觸。新生兒的突觸數目目前似乎沒有具體的數字。至於Axon（軸突）以及Dendrite（樹突）的數目很難估計，因為這兩者都是樹狀的結構，每一個枝條都還會發展出小枝條。

我：Amazing！但是眩暈了。我好像得去掛急診。

顯兒：有最精確的數字的要屬於肌肉神經系統。在老鼠的研究上，出生時每一個肌肉神經細胞被多於十個Axon，也就是多於十個運動神經元所支配（每個運動神經元有一個Axon，然後再發展出許多Branch），在發育的過程中，許多的 Branch 被移除（Axonal Prunning），以至於到了成年時，一個肌肉神經細胞只為一個 Axon 所支配，也就是神經的連結更為精確。同時間，剩下來的連結則被強化了。

我：也 Limited（受限制）了？終於簡化了，阿彌陀佛。

顯兒：這中間的過程為神經細胞以及肌肉細胞的活性（Activity）所調控，也就是說受環境的影響。這許多都是我博士班老闆做出來的。

我：超厲害的。

顯兒：類似的大量連結的重整有比較多研究的系統，一個是視覺系統，另一個是延腦以及小腦間的連結。

我：妹是延腦以及小腦間的連結變好嗎？

顯兒：這些突觸的重整只有高等的脊椎動物才有。像是果蠅等動物，所有神經細胞的連結都是一出生就為基因所確定了，而哺乳類的神經連結則是出生後經過外在的條件之後會重整。

我：帥了，之所以「高等」，關鍵在此嗎？判斷跟誰連結是由基因設定，連結的疏密卻是靠經驗嗎？

顯兒：雖說這樣一來哺乳類的幼兒沒有獨立的行為能力（神經細胞的連結還沒完好），也保存了相當的環境適應能力。這樣大規模的突觸的修整，目前只有在幼年期才找到。成年期的學習以及記憶，似乎根源於比較小規模的改變。

我：讚。

所以關於大腦如何建構和運作，科學家還沒得出完整的答案，但是近十年來，他們運用精密的影像科技掃描（我兒當年被一台二十萬美金的電腦吸引，才選擇這個 Program 的）定位幼兒的大腦，有了突破性的發現。那麼多的突觸，遠超過需要。隨著成長，大腦慢慢修枝剪葉，去掉不必要的連結，並加強有用的連結。

加州大學洛杉磯分校醫學院、美國國家心理衛生院及麥吉爾大學的科學家，利用磁振造影（ＭＲＩ）技術，追蹤研究了二十四位三到十五歲的孩子長達四年，觀察腦細胞的發展及連結情形。

綜合之前的研究，大腦四個關鍵的學習區域在七到十二歲有非常蓬勃的發展。

一、語言：

眾所周知語言技巧在一到四歲間有爆炸性的發展，字彙從二十個增加到數千個，也就是說掌管語言的 Broca's Area 迅速發展。一九九七年針對雙語學習的研究發現，在幼年時學習外語，大腦使用的機制和母語相同，若青春期之後才學外語，第二語的學習中心則已不同於母語。我是阿嬤口中八個月學說話，一歲能完整表達意思的聰明小女生。家母是台日國語二聲帶，所以我學三種語言一樣親切，英文國一才開始學，雖不怎麼要念文法，卻不那麼流暢。而三個孩子在九歲前開始接觸英語，他們很顯然國、英語思考模式是一樣的。顯兒還是比較奇怪，他好像用英文的邏輯來解讀國語題目，因而有時出錯。

加州大學洛杉磯分校的研究員也發現，七到十二歲間，大腦的語言區域每年仍可成長百分之二十，語言的理解力和字彙持續增加，是學習第二外語的好時機。十三歲之後成長趨緩，學習外語的難度便提高了。

這並不是幼兒外語課程或學習工具能奏效，而是孩子能處在足夠的外語環境，如父母會在家裡使用外語對話，不然會事倍功半。但從以上結果看來，小學開始學習外語比較理想，不用擔心混淆的問題。

二、數學：

大腦支持邏輯、數字和抽象推理的頂皮質區（Parietal Cortex），在七到十三歲這幾年間迅速成長，七歲前大部分孩子只有簡單的數字概念，不具備學習複雜數理的能力。七歲到青春期階段，數學教育的重要在於培養思考能力。提早練習特別的技巧口訣，未必能提高數學能力。顯兒唯一拒絕的學習就是專背口訣的心算！師長應引導孩子有興趣接觸數學、思考原理才是。女兒小三在美國資優班數學的學習是幾何，老師鼓勵我放心讓女兒用優秀的邏輯思考能力反過來訓練半生不熟的英語能力，很快進入英語的世界。這個信心讓她奠定日後赴美攻讀理科博士的基礎。

三、音樂：

「學音樂的孩子不會變壞」幾乎是所有台灣媽媽的口訣。威斯康辛大學心理學教授羅徹爾（Frances Rauscher）針對兒童學習與音樂做了幾項實驗，有一樣是先讓幼兒接受兩年的鋼琴課，再測驗他們的空間概念。結果上過鋼琴課的孩子成績比沒有的高百分之三十四。這項研究沒有排除其他樂器的影響，且大部份孩子是在短期基礎上接受指導。而羅徹爾最近發表的報告進一步指出，如果孩子在七歲前接觸鋼琴課並持續下去，上述影響可以持續到四年級，但如果停止，測驗分數便會下降。職業音樂家們都早在七歲前就開始了。哥倫比亞大學教師學院教授卡絲托黛蘿（Lori Custodero）認為，三歲孩子已經可以由父母陪同參與團體性的音樂課程，七歲則可以進一步開始正式且較多練習的音樂課。台灣的音樂教育一般也是在三歲啟蒙。小兒子因為陪著姊姊上音樂班，兩歲半已能精準讀譜打拍子及發聲，有時反應比姊姊同學還快，後來就不需要自己的課了。我不相信「莫札特效應」，不是莫札特音樂讓孩子數學變好，而是靜心聆聽讓注意力集中，思考力變好，成績自然進步了。靜坐也可達到相同的目的。無論如何，讓孩子早點接觸音樂是有益身心的。

四、動作：

七到十一歲間，大腦管理動作技巧的區域開始茁壯，新的突觸出現，沒有用到的被修剪，這個發展階段跟多數孩子對運動感興趣的時間還滿吻合的。

這四年中，每當學習一項新技巧，便會有新的突觸生長，但大腦只會保存正在使用到的連結，百分之五十和運動技巧相關的突觸會消失。孩子們就讀的仁愛國小五年級開有運動班，避免早自習K書的死板，又正好符合這個學說。女兒的羽毛球、么兒乒乓球都打下很好的基礎。創立制度的繆亞君校長可真是有先見之明，令人懷念。

洛杉磯加大研究員湯普森（Paul Thompson）指出，在這個階段學習和訓練運動技巧，大腦支持動作的關鍵系統較可能維持下去。因此新生兒爆發式的學習力，前三年的發展固然相當重要，但三歲之後腦力仍持續不斷變化，以掌管推理、判斷、解決問題等智力發展的前額皮質（Prefrontal Cortex）來說，直到成年之後才完全成熟。

所以所謂三歲定終身，輸在起跑點或學習有黃金時期等說法都是無稽的。我的哈佛博士兒正是輸在起跑點（鄉下來的不會講國語，進小學不會ㄅㄆㄇ）的那一個！有誰知道他的神經細胞都準備好了，以至於後來的學習像海綿吸水一樣令人驚奇？心理學上自我（Ego）的發展，自信的培育，我認為是這階段比較要去正視與誘導的。

我家的孩子學習很少重複。顯兒九歲在美陪我開車上高速公路，一路看地圖、找Exit，從華盛頓D.C.到紐約，沒有出一個錯，儼然是大人了。驗證出這時期孩子的大腦活動程度和成人相仿，開始進行邏輯思考等更高層次的學習的說法。

許多父母被著有《最初三年的迷思》（The Myth of the First Three Years），並擔任美國麥克唐納基金會（James S. McDonnel Foundation）總裁的布魯爾（John T. Bruer）影響，相信「天才是可以被培養的」，並且努力為這假說（Thesis）尋找合理的解釋。孩子生得少了，但是世界上訓練寶寶大腦的產品卻愈來愈多，韓國更是離譜，小孩清晨五點就送學校。

當心！這樣不是把孩子變笨，就是弄瘋了！完全沒有遊戲的自由與時間，怎能培育愉悅有創造力的孩子呢？

我曾經陷在女兒勤練左手刺激右腦無意中使智力增加的喜悅中，後來才知道沒有先開發右腦這件事。只要兩個腦半球間相連的胼胝體沒有被剪開，左右腦的訊息就會互相交通，根本不可能針對哪個特定半球做訓練。很多學者專家都指出，哺乳類動物早期發展自有一套時間表，是數千年來大腦不斷進行的工作。上帝早擬好了。

我更喜歡在遊戲中不經意的學習。玩可以認識複雜的世界、與人建立良好關係。任何要學的事都可以在遊戲中完成：牙牙學語、認識物品的用途、建立抽象概念，這些學習是從敲敲打打、聽故事和扮演遊戲中建立的，不需要靠聽指令訓練。除了語言、運動技巧和空間概念外，自信、安全感和信任等，更是孩子早期發展不可或缺的支持，這些經驗所形成的人格特質，將決定孩子的學習狀況與一生的成就。

根據美國國家科學會二〇〇〇年的報告，在學校表現良好的幼兒，並不是那些先學會算術或背誦的，而是可以坐在位子上集中注意力，與別人和睦相處、控制自己情緒的幼兒。想要培養這些特質，必須仰賴充滿愛意的親子關係及合理有紀律的管教方式。顯兒是活生生的一個例子，他有大大的前額（即相書上所謂前庭飽滿），大腦額葉肯定是發育得又大又好。

五歲才會說話的愛迪生很偉大，八個月說話的我則是小時了了大未必佳的案例。所以早說話不代表聰明，晚一點才走路也並非遲緩，發展里程碑有時間的正常分布（Normal Curve），超過上下值才要注意，父母不要太緊張或得意，忙著比較貼標籤。請經常到外面走走，自然能學到很多東西，尤其是創造力，便是在神經連結很密、舉一反三、觸類旁通下產生。生活教育也伴隨進行，當孩子好奇的探索世界，父母、老師的愛、引導和鼓勵，在在豐富他的經驗，引起他更大的探索能力。

金錢這時候是用來請好老師、買書與旅遊的。親子間的陪伴，對彼此生活習性和特質多多了解，境隨心轉，理想的學習環境與令人驚喜的成果就會自動出現。孩子很快樂，就對了。

父母最害怕的事：過敏、發燒、拉肚子

身為醫生的我，跟所有的父母一樣，只要孩子生病就坐立不安，過敏、發燒、拉肚子，這三種常見的幼兒疾病也讓我煩惱不已。

過敏

每天一早起來，就看到一個鼻涕連連、鼻子紅通通的奶娃兒，是件惱人的事兒。經常氣喘，但聽說吃氣管鬆弛劑會長不高；感冒發燒更討厭又令我害怕。阿嬤說大舅小時候因發高燒、抽筋變成弱智，讓我從小就聞發燒色變。沒有網路的年代，沒什麼育兒書，不禁怪起大學教育，學生應該要修育兒通識課程，不該上軍訓。連當醫生的人都心慌慌，其他人怎麼辦？那時不時興驗過敏原，沒有「塵蟎」一詞，原因不明，只能症狀治療，吃氣管擴張劑或類固醇緩解症狀藥就是了。我不願意小孩又是藥罐子，總算聽小朋友家長說游泳有效，想想肺活量增加應該對氣喘有幫助。加上要訓練女兒的腳，就興匆匆的送去ＹＭＣＡ學游泳了。三個小孩學什麼都興趣盎然，對游泳也是。

當時台大謝貴雄教授開始推動臨床免疫疾病的認識和教育，我也跟著小兒科醫師好友學了一些知識。當時的年輕住院醫師們，如今都已是照顧小朋友的大醫師了。這二三十年來，不知道是過敏病增加了還是確診增加，過敏疾病多很多，例如氣喘、過敏性鼻炎、過敏性結膜炎、異位性皮膚炎、全身性過敏反應和食物過敏等。治療不斷的在進步，但好像只是治標，問題和疑惑仍存在，對小朋友和年輕的父母都很困擾。日本最近的報告顯示，有三分之一兒童過敏，並且預測十五年內，全球過敏人口將達二分之一。他們的研究更顯示：速食餐讓過敏幼兒增加百分之四十，六到七歲的過敏兒童增加百分之三十，如果每日三種水果，將可降低百分之十一到百分之十四。所以若學校為孩童供應過敏兒中餐，須經教務主任及老師雙重確認。

長庚醫院也表示，近二十年來，他們針對台灣北、中、南過敏疾病大規模的流行病學調查、分析，顯示約有百分之一到五托兒所或幼稚園的幼兒曾經有喘鳴發生，再稍微大一點的年齡，百分之十五的國小一年級學童罹患氣喘病，百分之四十五的學童有過敏性鼻炎，百分之十的學童有異位性皮膚炎，北部學童比南部或中部嚴重。奇怪的是外籍配偶生的小孩，比較少罹患過敏性疾病。

當然，過敏病的發生與遺傳以及生活環境有關，但是我們不可能選擇完全沒有過敏體質的另一半，或住到沒過敏原的環境，只好改善居家環境、學校生活、就醫、旅遊等照顧，免得伴隨經濟發達，生活水平提高，過敏兒也跟著多起來。

雖然我們對「過敏病」確切的成因還不清楚，但是醫界多年來的研究已確定它是因環境變遷而造成的疾病。人的皮膚、眼結膜、腸胃道、鼻腔及氣管，都是與環境中空氣、食物、物理環境接觸的器官。當這些器官對環境無害的物質（過敏原），有異常變態的反應，就會引發相對的過敏性皮膚炎（異位性皮膚炎、溼疹、蕁麻疹）、結膜炎、鼻炎及氣喘。以英文（或拉丁文）Allergy的本意來說，是指「改變的狀態」而言，即是「變態反應」。有個笑話，據說中國北京協和醫院的過敏科，稱作變態反應科，所以過敏科醫師，就是是變態科醫師了。

在門診裡，有些年輕父母不想再生第二個小孩，竟然是因為孩子過敏！因為過敏氣喘發作症狀一來，咳嗽、喘鳴、鼻塞、嘴唇牙齦出血，加上全身搔癢，搞到全家不寧，爸爸媽媽阿公阿嬤登時變成貓熊一族。

夜夜失眠疲憊不堪。無論何時何地，吃什麼、穿什麼甚至玩什麼，都提心吊膽怕動輒得咎，有時每個夜晚都像漫漫長夜，只能坐著或站著，一邊等待天亮，一邊擔心明天哪有力氣上班，好像人生真的是黑白的了。

話說回來，尋求過敏疾病的預防，第一要改變環境，或者改變自己與環境相合（即增加免疫的耐受性）。我們家很幸運，正好當年天兵老公到美國深造，全家跟隨，否則淚腺管阻塞而淚漣漣的九歲大兒子不知如何了局。說也奇怪，赴美第二天，兩眼就乾乾爽爽，從來沒再犯過氣喘。一夕之間，變態發炎反應的過敏體質就回到正常的免疫反應。菩薩保佑！果然「遠離」是良方！孟母三遷真是有她的道理。

我也學會與類固醇、抗組織胺相處。尤其類固醇是迅速制止過敏症狀擴大的好藥，作用機轉其實都唸過，只是盲目的怕孩子受藥害。天下父母心，有時真是難免眼盲心盲加腦盲，豈可不慎呀。

發燒

我匆匆套上寶藍色橘點洋裝，顧不得胸前蝴蝶結結好沒，抱起老大就要往外衝，孩子的爹躺在沙發上，慢條斯理的問：「妳幹嘛？」「上急診處，曙顯高燒四十度！」我急著穿鞋。「不准去，太丟臉了，發燒是正常反應，退燒就是。自己是醫師還那麼緊張，牙醫就是比較差。」他又說。「我怕再燒更高，人舅就是小時候高燒燒壞了，抽筋變弱智。」他不理我，我冷靜想想也是，乖乖先給退燒藥、多喝水再說。

「小朋友發燒會不會燒壞腦子呢？」我當然知道大部分不會。因為人體腦部細胞的主要成分是蛋白質，當體溫升高達四十二度以上，蛋白質才可能受到破壞，才可能導致腦細胞受損。一般的發燒很少會超過此溫度，所以不用擔心會燒壞了大腦，以往老人家指的燒壞腦袋，其實應該是某些引起腦部病變的發燒，如腦炎或腦膜炎之後的併發症。但是我還是交代孩子們，覺得身體很熱、頭暈時一定要趕快跟老師、阿嬤或我說，但不要怕。發燒本身不可怕，重要的是要去尋找病因，吃對藥，自然會退燒。一般感冒會有二到四天發燒，不管什麼原因的燒，都是身體對病原入侵的反應，如果沒有其他特別的症狀，精神很好，就不必太著急，可以先給簡單退燒處理，如睡冰枕、洗溫水、酒精擦澡等，如果有出疹、意識不清、嘔吐、拉肚子、肚子痛、呼吸困難急促、黃疸甚至痙攣等，則必須趕快看醫生詳細找病原，最好是掛急診了。

當發覺孩子有發燒感時，應先測量體溫，使用口溫、腋溫或耳溫都可以；目前耳溫槍使用起來方便又準確，是個好方法。應該注意發燒是突然發生或是漸漸嚴重，是否有寒顫或惡寒，是否併有其他症狀如咳嗽、出疹、排尿異常、噁心、嘔吐、下痢、腹痛或喉嚨痛等等。

看診回家後首先要多補充水分，嬰幼兒經常因水分攝取不夠而加重發燒，最簡單的方法是喝水，只有因為無法進食又脫水時，才需要打點滴補充。其次，發燒時小孩應該穿著寬鬆的衣服，少蓋被子幫助散熱。

若體溫在三十八度以下，可先睡冰枕、洗溫水澡等幫助退燒，讓小朋友泡在室溫攝氏二十五度的水中，再用海綿全身上下輕輕搓揉，也可幫助散熱。不過要注意的是嬰兒不宜使用冰枕過久，因為嬰兒不易轉動身體，容易造成局部過冷或體溫過低。

發燒小孩若已找出病因，除按時服藥外，還得注意觀察小孩是否有不尋常的變化，如呼吸困難、腹脹、疼痛、意識不清等。一般而言，退燒藥的使用，間隔約四到六小時以上，通常耳溫三十八度或腋溫三十七點五度以上，可先使用口服退燒藥與睡冰枕、洗溫水澡等；若服藥後一小時，仍持續高燒沒有流汗等退燒的情形，可以給予栓劑，如果這樣還不退燒，恐怕要向醫師求救了。

總之，小兒發燒時如果仍然活潑能吃能喝、不必太擔心。注意感染有無惡化或發生併發症的情形就好，如出現哭鬧不停、活動力差、高燒不退或不肯進食、抽搐等，應及早送醫以免延誤。

拉肚子

「鈴……」朦朧中抓起話機，以為值班急診電話。那一頭傳來卻是奶媽聲音。「洪醫師，弟弟又拉肚子，第六次了。」第六次？登時清醒過來，怎會這樣？四個月大的健康寶寶昨天才好好的送去，今天就連拉六次？牙醫的直覺，四個半月還沒長牙，不是四處亂舔碰到病菌，準是喝壞了。所以「他今天喝了什麼？」我問。「一樣啊，牛奶。」頓了一下，「還有柳丁汁，妳說要加的。」她說。「柳丁汁？多少？」我再問。「兩百西西，以前舒堯都這麼喝。」她答。天哪，第一次要從二十西西開始，連有經驗的奶媽竟然會忘記逐漸增加副食品的原則，怎能不準備個SOP放在身邊時時提醒？

王英明醫師在《寶寶生病怎麼辦》一書中寫得很詳細。我擇要分享如下：

眾所週知，小嬰兒在吃奶粉或母乳一段時間後。即要添加「副食品」。介紹幾個原則：

一、副食品的添加從第四個月大開始即可。

目前較新的嬰兒營養學理論都指出，在出生三個月內的小兒，除了母乳或奶粉之外，無需任何額外的補充食品，例如果汁、開水、葡萄糖水，都是不必要的。食慾及發育正常之嬰兒，更毋須添加任何維他命，因為在奶水中都已足夠了。

二、過敏兒副食品的添加從第六個月大開始避免過敏兒的產生，應從產後衛教開始。

三、添加副食品之目的，在於作「斷奶」之準備，並供給較多不同的營養來源。

在出生六個月內，由於種種條件限制，小嬰兒只能適應母乳或已經「母乳化」的配方奶粉（不是真正的牛奶）。隨著年齡的增加，這些嬰兒期「唯一」的食品，慢慢 趕不上生長的需求（特別是鐵質、蛋白質、維生素方面），因此才有必要開始添加副食品來補充奶水之不足。而副食品從四到六個月大開始，份量由少而多，種類由簡而繁，逐次增加。到了周歲後，即可漸成為「正食品」，奶粉或牛奶反而變為「副食品」，當然母奶必須完全停止。

四、每一年齡層副食品所占熱量比例不同。

在出生三個月內，嬰兒每天所需熱量百分之百該由母奶或奶粉供應，四到六個月時，奶水之營養變成全日熱量的百分之八十到九十，剩下之百分之十到二十可開始由副食品來取代，部分的母奶更可改為奶粉，使母親可以分身。從七個月開始，奶水之熱量再減為全日營養的百分之五十到七十。過了周歲，則奶水只占熱量之百分之二十到三十，其他都必須由固體或半固體食物供給。

另外有幾點要注意的是：

一、添加食物要由少量開始：剛開始吃新的副食品時須從少量試起，無任何不適再漸漸加量，且每次只單獨選擇一種吃，適應後再吃另一種。如很順利時，則可混合吃，或以各類食物輪流餵食。

不要因為任何小理由而放棄嚐試副食品，例如大便稍微稀一點並無關係，沒有必要一點稀便即大為緊張。

二、水果要選果皮容易處理，且農業污染及病原感染機會少者。

三、蛋、魚、肉、肝要新鮮且煮熟，注意清潔。

四、對食器消毒及食物之保存要多加小心。準備食物時要勤洗手。

五、儘量以天然食物為主，少加調味料，以免造成過早拒吃原來之奶水或偏食，甚至造成成人後之病痛潛因。

六、如真的沒有時間調製副食品，可使用罐裝嬰兒食品，但要注意保存時效。成人之罐頭食品口味太重，不可給嬰兒吃。菠菜、甜菜、蘿蔔含多量硝酸鹽，也不適合一歲內嬰兒。

七、六個月後副食品吃得很好者，原有嬰兒奶粉可不必馬上改為所謂高蛋白（較大嬰兒）奶粉，吃母奶之嬰兒必須注意蛋白質（肉、蛋）之補充。全脂奶（即一般牛奶）至少要周歲方可開始吃。其實較大嬰兒奶粉可吃到二歲左右。過了周歲由於營養來源有多種，吃奶主要是補充鈣質及一些維生素，並非熱量之重要來源，吃什麼奶已無關緊要。

最好先請教醫護人員才開始添加副食品。

居家安全：妹妹的眼睛冒血了VS.六六大順

「洪醫師，妹妹的眼睛冒血了！」幫傭的阿嫂急急跑來跟我說。我快步走到客廳診所，果然，女兒眼睛受傷，科班出身的護士在按壓止血。「怎會這樣？撞到哪裡？」阿嫂說撞到桌角，小姐不敢說話。心想還好破相而已，傷口尚稱乾淨，應該沒有異物。傷口最怕異物與感染，趕快送醫院縫合。

哪知眼角始終下垂，十多天後傷口裂開有膿，當時沒有眼部超音波，大家都不知道為什麼會這樣。拜託當時最有名的眼科教授，與幫忠仁忠義連體嬰分割手術時的麻醉科教授（小孩麻醉劑量控制很難，也怕插管傷到聲帶），進開刀房再清創。沒清到什麼，小心縫合，幾天後傷口再裂，持續流膿，擔心得無以復加，診所歇業了。束手無策時，阿嬤說：「貼一貼朴子膏藥吧？」那是從小見慣的膏藥，一盒五塊錢，聽說是猴掌提煉的，阿嬤每次用它來治我們的外傷與瘡。沒想到外子同意了。第三天換藥時，帶出來一塊被膿包著的鉛筆心帶木頭！原來女兒踩在有輪子的椅子上跌倒時，被筆筒裡的鉛筆扎到眼窩，那截鉛筆正好插在鼻樑內摸不到！鉛筆帶木頭硬生生折斷，可見力道有多強！不幸中之大幸，如果插到眼睛後果不堪設想！想來不寒而慄。兩三天後，傷口迅速癒合。我天天用喜療妥早晚幫她按摩，傷口並不明顯。

此後我新購傢具、砌牆，一概「轉圓角」。不理會設計師所謂線條不簡潔的意見。舊傢具包起來，或在牆角置物擋掉直角。

有專業護士與照顧阿嫂跟著的孩子都會受不清楚的傷，忙碌的小家庭怎麼辦？電視上常見小孩燙傷、跌倒、撞傷、墜樓等等，令人心疼。大人常以為家是安全的地方，孩子沒問題，其實家有很多陷阱，許多設計對孩子與老人並不友善。我家在四樓巷口邊間，不做鐵窗，窗台外面有花架，萬一失火可很快爬到花架上待援，窗子超過半人高，不懂事的小小孩搆不著，安全ＯＫ。至於小偷，家裡沒什麼寶只有一點家用，來就給吧，生命比較重要。況且老公經常半夜回來，燈開不夜，遭竊機會也不大。

時尚的玻璃帷幕大樓與觀景窗其實很危險，美麗爽朗的知名服裝設計師黃淑琦小姐的墜落令人神傷。小孩更不安全。即便是我這種爬高山的人，站在淡水家十九樓觀海窗前都忍不住要坐下或躺下，八十六歲的老母親當然不敢靠近了。據衛生署統計，每年零到十四歲兒童因事故傷害死亡的人數，都有三、四百人，其中「意外墜落」是第二死亡主因，老師家長千萬不可大意。而現在家庭坪數都不大，孩子能活動的空間不多，很容易因為室內擺設而忽略安全考量。家中陽台的欄杆務必要高於一百二十公分，窗戶開口要小於十公分，或外推小於四十五度，窗戶和欄杆邊避免擺設孩子可攀爬的家具物品。裝設氣密窗或加買窗戶安全鎖都是好方法。

根據靖娟基金會的觀察統計，兒童在家受傷的類型以「跌倒、墜落」為最多，被家具「壓、砸、夾、刺、撞傷」的比例則排名第二高。孩子精力無窮，玩法千變萬化，我們得步步為營，仔細審視桌椅床沙發樓梯，打理出一個「六六大順」的安全的環境。

一、圓：定作家具「倒圓角」，桌椅床若有的尖銳角落要以軟質橡膠或圓滑物品包覆。盡量用圓柱子。

二、鎖：有抽屜、拉環的家具如櫃子、冰箱、洗衣機都要檢查是否容易大力夾傷或躲進去出不來，最好鎖上。

三、護欄：嬰兒床要有床邊護欄，或降低高度，地板鋪上軟墊或地毯。廚房、浴室和浴缸底部，則要鋪上防滑墊。

四、無電線、窗簾繩、輪子椅，加裝插座蓋：寶寶很喜歡拉扯電線或窗簾繩，容易觸電或纏繞脖子。家中所有的線類都應加以固定，插座應加裝遮蓋，椅子的輪子拆掉或鎖住。

五、關起浴室、廚房的門：至少鎖住瓦斯開關和水龍頭，蓋好浴室的馬桶蓋：市面上有便宜又方便的防護鎖或防護罩。自從家母慢性一氧化碳中毒之後，我家全部用電爐，比較安全。犧牲一下快炒的口感無傷大雅。

六、收好超危險物品：如腐蝕性清潔劑、三秒膠、打火機、尖銳物（如剪刀、菜刀、叉子、牙籤、筆等）與容易吞嚥造成窒息的小玩意兒（鈕扣、藥丸、銅板，樂高遊戲的小積木片、花生及各類豆豆），大型塑膠袋（套頭窒息的狀況也時有所聞）。

祝福大家居家平安快樂。

安全回家的路

叮咚叮咚！門鈴急促的響著，我速速奔去開門，兒子臉紅氣喘一身汗的站在門口，得意的說：「媽媽，班上只有我一個沒人接哩！」小一開學第四天的他興奮的說。「好厲害喔！」我接過書包大大稱讚著。緊跟著來應門的弟弟妹妹欽佩的望著他。

其實沒什麼，家就在學校旁邊大馬路旁所謂的一巷中，他需要的只是自己上路的勇氣。放學走出側門，直走一小段巷子過馬路紅綠燈，老師、糾察隊、義工媽媽不下十來位，就站到家門左右兩側，一條十分安全回家的路。這可是花費我大半年，看破三張地圖精心規劃來的。家原本在東門市場後的靜巷，小公寓離台大醫院很近，但是國小有點遠要坐公車，當初為的是我與外子上班方便。兩個小孩相繼來報到，我也離開醫院。家母特別辦理退休把孩子從南部帶回來。我胸無大志，只希望一家團圓。於是計畫小屋換大屋，把家與診所放在一起，讓牙醫工作變成客廳副業，擺個治療台請位助理，有病人約診，生活就安定了。

我有自知之明，絕對沒時間力氣接送小孩還要買菜，住在學校、市場附近變成首選。偏偏我又有點龜毛，嫌太近學校鐘聲吵、太近市場不夠乾淨；媽媽手、膝蓋、腳踝不好，腦筋又簡單，在巷弄中轉兩個彎就迷路了；手上又沒有現金，買不起預售屋，只能小屋換大屋加上貸款。尋尋覓覓喜歡上敦化南路，為的是學區好、樹木綠、朋友住附近、馬路直、房價比永和文林路低與一趟公車可到台大。附近國小，公私立國中四所，走路都不超過十五分鐘，遠東超市在幾十公尺外。於是我鎖定這兒有電梯的房子，一有空屋價格合宜馬上下定，管他樓層適不適合開業、舊屋有沒有賣到好價錢。

多年下來，發現當初的取捨很對。安全回家的路省時省力。時間就是金錢，省些時間多做點事上點班，省去大人小孩路上勞累與可能的意外，絕對很划算。雙薪家庭要哪個在特定時間接小孩都很辛苦。孩子的獨立跟著養成，短短一百多公尺，要流連到哪的機會也不大。忘記帶東西一通電話，「阿嬤快遞」十分鐘就到。

就這樣，尋求安全便利路線一直是我的常課，不管出門逛街或旅遊登山甚至人生規劃都是。不抄近路不走險途，一來沒方向感，二來自認笨拙，小心不蝕本。家有老小，沒有冒險的權利。跌倒了爬起來要還有路可走。人誰不跌倒？城市中荒野裡是，漫長的人生旅途也是。

花蓮鄉親訴求一條安全回家的路十分引起我的共鳴，追求浪漫與一時衝動以身涉險都不是我的方式。近年來幾位商界名人相繼把生命留在山林間，我不懂謹慎出名的成功者，為什麼沒有小心的保護自己？豐富自己才能豐富別人啊！求仁得仁固然暢快，留下兩三歲的稚兒幾時長得大？家父往生時我才兩歲半，想起單親成長的心酸，不知不覺溼了眼眶。

讓我們時時記著「watch your step」這句簡單的話，不管是上下捷運電梯或是上山下海，歹路記得要確保自己，繩索或安全帽都是保命的，不要嫌麻煩或沒面子。體力充沛才出門，上班也一樣。我的邏輯是：這樣對病人才公平，一個對健康步步為營的醫生，才能做出最有利於病人的診治。敬業敬山敬林敬土地愛眾生，回家的路自然很安全。

第四章

大家一起談教養

教養方式無關對錯，一切都是選擇，而一切的選擇都會有利有弊。做父母的人總是希望給孩子最好的，不過，到底是好是壞，短時間內難以判定。我想到身邊有幾位十分特殊的子女，因而訪問了他們的母親，與大家分享各種選擇的可能性。

家有重病兒　真心陪伴，攜手同行——岳兒的故事

蕙蘭是我醫學院女六舍的室友。她的父親在她高一時就過世了，背景與我這來自單親家庭的人相似，感覺特別親。她理性內斂，英文很好，還記得當年念書時，每天晚上從圖書館回來後，她必定泡上一杯熱牛奶，溫暖安心溫書的情景如在眼前。

幾年後，一個寒冷的聖誕節，我穿著媽媽精心為我訂做的絲絨小禮服，去台中客串她的介紹人。婚後她連生兩個女兒，好不容易盼來一個兒子，卻驚傳心臟有問題。我有一點內疚，迷信的想，沒帶來健康的孩

子，莫非是我這現成媒人吉利話說得不夠？又不敢多問，只能在心中暗暗祝福著，希望教學醫院精湛的醫術，能幫助孩子健康快樂的長大。還好後來見到孩子活潑可愛，十分替她高興。

多年後她給了我這樣一封信：

親愛的阿娟，

有人說：哇哇落地的孩子有的是來報恩的，有的卻是來討債的。對我而言，不管是哪一種，我都認爲是老天爺賜給母親最佳的禮物，也是母親完成人生旅程最親最愛的親人。抱著剛出生被診斷爲先天性心臟病的兒子出院時，心中的喜悅早已被擔心焦慮的情緒取代，積壓憂愁在我母親面前放聲大哭的那一幕，至今都還在內心深處的記憶中。縱然如此，我仍打起精神，面對這一連串的挑戰。

我兒子的先天性心臟病是心室中膈缺損。據了解，心室中膈缺損是最常見的先天性心臟病，約佔百分之二十五左右。心室中膈有一個孔洞，左心室的血液經心室中膈缺損流向右心室，也就是動脈血流向靜脈血，造成肺部充血，心臟負擔增加，小孩會呼吸急促、心跳增快、心臟擴大、胸骨突起以及肝脾腫大，也容易反覆感染肺炎。爲了增強兒子的抵抗力，我決定餵母奶。

對職業婦女而言，餵母奶眞是一大考驗，三十多年前沒有擠奶器，上班時，只好任憑母奶流出溼透衣服，一下班就得趕緊衝回家餵奶。因兒子是早產兒，吸奶力差，嘴唇又易發紫，往往很快就累了，沒吸多少奶，灑一泡尿就又餓了。坐月子期間，我幾乎整天都在餵奶，如此熬過半年餵奶的辛苦。

兒子一歲左右的夏天，由於發燒，連續兩個月進出醫院。之後聽醫生的建議，在兩歲時做心導管，以確實了解那個洞的大小以及肺動脈壓等狀況。有了結果後，醫生並不建議開刀，但須長期追蹤。孩子從外觀上看不出任何異常，個性活潑，運動量也還算正常。在醫護人員悉心照顧以及我們全家人努力的呵護下漸漸長大，他也會自我體能訓練，腳踏車騎遍五指山，十八歲考上駕照就開始開車。如今，那個洞變小了，但心雜音還在。

由於兒子身體狀況特殊，在管教上似乎也較寬鬆，我們原本準備將兒子送到蒙特梭利雙語幼稚園，希望讓他有機會在一個自然的環境中打下英語的基礎。但是，兒子不知何時竟然學會亂吐痰的不良行爲，校長拒絕我們入學（雖然我認爲那不是妥善處理的方式，但是，我還是很感謝校長讓我們有機會省思）。那天，外子和我立即反省，我們的結論是：照顧孩子的健康固然重要，但同時也要兼顧教養，兩者應該並進。從此，我們不能說開始嚴加管教，但起碼特別重視生活教育。而在養成教育上，從小他也跟著姊姊們上英文班、繪畫班、音樂班，還上陶藝班等，給他機會接觸各項才藝，快樂學習是我們的重點，因此，他雖然並沒有說得一口流利的英文，也沒有畫得一幅令人驚艷的畫作，更沒有彈得一手好鋼琴，不過，因外婆與我們同住，他很自然便成了阿嬤的跟班，每天還跟著看《天天開心》的電視節目，因此，說得一口好台語。

在重視家庭教育的同時，家中每個小孩飯後都要輪流洗碗，在他九歲時，就會將所有請客後的碗盤都洗乾淨，且一個也沒有打破，讓我相當欣慰。

當時，我選擇讓孩子小學和國中都在一般公立學校就學，主要是爲了讓孩子在一般的環境中成長，可以看見社會最普遍、最眞實的一面，我們可以適時給予機會教育。畢竟，教育是要教平凡的人，讓孩子學會解決問題的能力和適時做出適當的抉擇才是關鍵。

上高中和大學則參加考試各憑本事，由於我們不想給小孩太大壓力，加上這小孩雖然聰明但是不喜歡死背，就讓他順勢自在的學習。雖然，他不在我們熟知的名校就讀，卻也開心認眞的念完他那五年建築系的課程，看著他做好的一些模型，我似乎看見我們小時候給的一些薰陶呈現在他的作品中，也因爲這科系，他有更多的創意空間，頗符合這孩子的本質。

適合自行創業的他，畢業後就自己組公司，從數位設計做起。因緣際會，父親的研發產物因技轉到生技公司，他也就轉向生技產業發展，從零開始到現在，六年期間，從建廠、製造到行銷，無一不是經過他的縝密思考和籌劃，「做中學，學中做」，沉穩自信的個性在這一路上表露無遺。

從他對年高九旬阿嬤的噓寒問暖，幫阿嬤收集阿嬤喜歡的 Snoopy 照片玩具等；當我生病躺在床上時，他會幫我將棉被蓋好，跟我說：「好好睡，我明天再來看你。」這種種孝順體貼的心思，讓我好感動。我雖然在學校任教，但並不習慣給自己當媽媽的這個角色打分數，也不想爲自己的小孩打分數，作家龍應台在《目送》這本書中，對「母親」這個角色的刻畫描述相當貼切，她說：「母親原來是個最高檔的全職、全方位 CEO，只是沒人給薪水而已。」至於「母親」在孩子心目中的定位是否同樣認定或另有注釋，可就因個別的親子關係而定。親子的血緣關係無庸置疑，能否發展爲朋友關係，那眞是個人的造化；值得慶幸的是，我兒子雖經過孩提時的懵懵懂懂，但並無青少年的叛逆，及至求學創業成人階段，兒子和我之間至今都保持良好的親子關係，凡事遵循「眞心陪伴，攜手同行」。

蕙蘭信中提到的心雜音，顯兒兵役檢查時也忽然發現有，我哭了很久，彷彿世界末日，慚愧自己照顧不周。幸好醫師朋友們安慰我，這種後天性的心臟病很難追溯原因，可能是醫院實習過程時遭受感染，當時看來像是感冒，但是留下了後遺症。擔心過後，顯兒找到相處之道，遠離感染力強的臨床科別，上山下海收斂一點，五千公尺的山不要去，潛水不要太深，還過得挺自在，賺到一年免兵役，造就一位神經醫學博士。十年下來，雜音也逐漸變得很少了。我愛說，每個人有各自的倫理要遵守，難免有病痛，與它和平共存就是大吉大利。

帥氣老成的岳兒最近帶著高挑秀麗的女朋友來看牙，我關心的問他心臟如何了？他瀟灑的回答我：「很好，十多年沒檢查了！」這小子賺夠了媽媽阿姨的眼淚，平和得過了分。我再三叮嚀務必去做心臟超音波或CT64切的檢查，畢竟知彼知己才能百戰百勝、萬無一失。

蕙蘭與她的博士老公一心愛孩子，放下一般知識分子對獨子學識以及名校的要求，讓他優游過日、尋獲健康，並且適時在創業上扶他一把。三十歲的年輕人，成就、收入令長輩欣慰。誰說人人一定要立志念博士？

資優父母與資優兒女的兩代大戰

行在路上——家馨的故事

我很喜歡「雲英」這名字，給我一種鶯鶯燕燕吳儂軟語的Fu。她確實也人如其名，說起話來輕輕柔柔，能寫能畫，不像念經濟系的女生。她來自南部和煦的家庭，有三姊一兄一妹，據說迎著夕陽在自家大院子裡解代數題，是她念台南女中時最大的享受。嫁了南一中許家班的同學大律師之後便以夫為重，一直是家庭主婦，有一回兒子問她：「媽媽你念的台大真的是跟爸爸的一樣嗎？」害她飛揚的心盪到谷底。我們兩家住得近聊得來，有一陣子經常相約為同齡的孩子找幼稚園、英語補習班。

家馨是她的長子，善良清秀有禮，小五時得知媽媽懷了第四個孩子，竟然在學校嚎啕大哭，擔心日後糧食危機出現會沒得吃。念書一帆風順，大學聯考英文全國第一高分。陸陸續續聽說為了選志願跟爸爸槓上，有大字報也有現場實況，我好奇這樣一對斯文愉悅的母子，要怎麼對抗那樣有威儀的一家之主？在家馨已有一子一女的今天，往事聽她母子娓娓道來，凡事都是正面。過往的種種，蓄積家馨昔為台大學生會長，今為法學研究者能言善道的能量。

做了阿嬤的她，調養身體含飴弄孫關懷教育，閒時翻譯數學及與史代納人智學有關的書，並寄情於畫作，是個好命的太太。纖細的她竟敢用腳踏車載孫女，在台北市仁愛路、新生南路一帶穿越馬路，可讓人為她捏上大把冷汗哩。聽說最近腳踏車已經掛了，還害她手肌腱扭傷，不幸被我操心中了。

我一直想寫一本書，書名叫《孩子教我的事》，好像被她捷足先登了。

最近買了一輛新腳踏車，用來載五歲的小孫女阿妞從幼稚園到英文班上課，沿路經過衛理幼稚園，這是他爸（兒子家馨）的幼稚園。還記得同樣的年紀時，他爸還天天坐娃娃車上下學，回家後就看卡通玩遊戲，現在載著一個小不龍咚的五歲小孩往學習第二語言的路上而去，每次都在想，可以晚一點再學習嗎？她的父母強烈而明確的告知：未來是雙語的世紀，台傭外覓工作是正在發生的事實，想想當年自己不也是在每一個關鍵時刻都懷抱著智仁勇，萬夫莫敵的往前衝，那時和淑娟合力找外國人用直覺法練發音，在當時是獨排眾議的學習法，不同的是，兒子當年年齡比孫女現在大了兩歲。三十幾年後，兒子頗感謝我的帶領，所以我選擇以孩子的父母作主的決定，我只能祝福阿妞吸收得了，累了就跟老師說。不知早了這兩年的學習，之後對她有何影響？

阿妞抱著我的腰，我們一路往前騎。上坡了！抱緊一點，老人騎車上坡要用力，小孩抱緊也是用力，都知道這瞬間會有危險，爬過了坡就是寬敞的新生南路人行步道，還不到信義路口，我拐彎進去巷子繼續騎，感覺很順暢。阿妞問：「爲什麼不騎新生南路直直去？」我說：「因爲現在是下課時間，金華國中的學生很多，這些大哥哥大姊姊們衝來衝去，阿媽覺得很可怕，我怕方向盤會抓不穩，我們走巷子人少。」眞的！怎能叫他們不要衝來衝去呢？這是精力旺盛的年齡，學校有寫不完的測驗卷，放學是何等快樂的事！

家馨一向很乖，讀書也優秀，隨著選擇優秀校長的當代風潮就讀中正國中，當然順利上了建中。那時家長和老師都卯足了勁全力往升學拚，也爲了一點末代狀元的虛榮，我這做媽媽的，也不知青少年孩子眞正需要的還有更多。之後家馨遺憾沒有參加羽球隊，每日只是死拚讀書頗爲扼腕時，作爲媽媽的聽到兒子心中的缺憾就滿心疼的，一股腦反省，可是過去的已回不來了。你說那時我該問誰呢？老師、社會的認知都是如此，除非我結識生命智者，否則在那年代如何獨下判斷？只能說一代有一代的宿命吧！

其實如果當時孩子有把內心的聲音即時發出來，我是會採取行動的，可是爲什麼當時沒聽到他心中的渴望呢？一個因素是我和先生的關係沒處理好，家中常有爭吵，孩子可能也不太敢出聲；一個是學校老師的強力主導，孩子就接受了。還好家馨研究所畢業後，要選擇父親指定的律師之路還是走學者之路時，他已經有很強的喉嚨配合強壯的身體爭取要走的路。這次我當然聽到了！也很奮力的支持他，目前在公家研究機構做研究，薪水普通，付房貸有點吃力。啊！人生只能選擇一條路走，滿足就好。現在想想孩子的問題其實也沒那麼難，用心聽到孩子的聲音就可處理了，也不一定要什麼大師。家馨有三個妹妹，每一個成長中有問題時也都有問當代大師，可是成功與失敗各半。可能要福分夠，才能遇到貴人吧！

眞的不需要什麼大師。家馨的兩個妹妹同樣是聽老師的建議去讀舞蹈班，大妹樂在其中，也過了主角的癮，二妹卻飽受訓練時的語言傷害，失去對自己的信心，可是當時我爲什麼沒聽到她求救的聲音呢?原因好像也跟哥哥一樣。我努力的上心理成長課，想讓自己成爲一個更懂得孩子的媽媽，可是發現試圖要完全了解一個孩子是不可能的，最好的老師其實是孩子本人，但問題是自己要如何眞正的保持一顆清明的心來聆聽，如果自己都還聽不到自己的聲音，也看不到自己的心盲，又如何能指引孩子呢？拜這幾年的經濟不景氣之賜，也才警覺到這個心盲的媽也是心茫，竟然一路眼看著孩子長大，卻忘了問他們以後想做什麼。顧了精神卻忘了物質生存的基本功，殊不知精神是需要物質奠基的，當然物質更需要精神滋養才會有生命，否則不需百年就解體了。一路走來，想想自己僅憑上一代養育我的經驗，也沒上過什麼心理學，就呼愣愣生了四個小孩，生命何其奧祕！眞是有夠大膽的。咦！對了！阿妞不是常提示我，哪一天早點來接她，順路先去公園玩玩再去上英文課嗎？我想這是老天給我補償心盲的機會吧？

女兒從牙醫轉攻化學時，我們家也發生巨大的衝突。做父親的首次罵女兒，我嘗試傾聽，與女兒往返的信件、卡片有一大疊。當時還曾經拜託吳英璋教授與女兒懇談，他告訴我女兒很清楚她要什麼在做什麼，讓我這牙醫媽媽很慚愧，只好含淚讓她去了。至於日後研讀天文化學、無機化學，她沒有讓我們參與表決，之後又轉行學音樂時，我們的反對已經沒有作用了。繳學費之餘，我只能祈求老天讓她定下來。多方面資優有它的痛苦，聖嚴師父以「I change my mind」來點出人心多變與人生無常，希望有能力改變是多方面學習激發潛能，而不落入「滾石不長青苔」的魔咒中。

家有資優生資優媽媽難為——柏因的故事

柏因是台大數學系楊維哲教授之子，楊教授曾任多年大專聯考闈長，柏因亦為數理天才，國一跳讀師大附中，高二又跳級台大物理系，二十二歲便獲得美國麻省理工學院博士學位，是台灣第一位被矚目的資優生。楊教授的女兒汗如則由數學系改行成為知名崑曲演員，這對資優兒女都有著難得的際遇，他們的父母又有著怎樣的教養經？

我請求楊教授夫婦分享他們寶貴經驗的第二天，郵差送來昭美姐娟秀的親筆信，這樣寫著：

我和維哲最大的相似點是：他在他的工作或退休了的人際關係中，人人當他是知音，他可以聽，可以建言。我在簡單的生活人際關係中，人人也當我是知音。但在我的人際中，「信任」最重要，她們幾乎都只要吐露，不要建言，剛好我也沒有這個能耐，所以我只聽聽聽，人家就樂於攬我進內。

現在回想柏因的生活環境，他只不過與父親同書房，維哲瞟一眼就可以隨時抓到他學習上的缺失，而能最省時、省力的給予家庭教育。他滿牆的各式書籍，都是他自行翻閱的。他跟我說過，他在聯考前最無聊了，就這幾本書可看，「我只好天天去游泳。」

我相信他現在在中研院，沒有人會認爲他資優，他的生活將一如所有中研院內的學者，他們的工作就是研究、研究、發表、發表過一生。

但，我只以母親的身分養他到十八歲，出國四年後回台灣，他就只是住在家裡，沒有在家吃飯了。之後，好像我是個缺席的母親。他在淡江的教學生活會向父親述說（因爲人、事同在教育界的父親都熟絡），學問的事也會向父親描述，父子情深。所以在他的感覺上，有個「媽媽」存在著就好了。昇華爲感覺溫暖的「老家」、「原鄉」，讓他在平常的日子心裡很安定。尤其他結婚後，我不過問他們夫妻一丁點兒事。我眞的「放下」，也不覺缺了什麼。偶爾他順途轉進來家裡探一探。但進了門看了，也就心安了，久待不住。我以前對回鄉下老家的感覺，也是這樣。

眼淚幫我回應了她的淡然，思考了一夜，我這樣回應：

昨日看了信，感動得眼眶溼潤，這是我正在歷練的心境。這幾年，我也在學習。上本書名原來想叫《孩子們教我的事》，這幾個字實是這幾年我的體會。

料到孩子們肯定是各自西東，但是當這天來臨時，仍免不了些許失落，就好像作爲許醫師的太太，我深知已把他捐出，但是當我獨自在深山中或海邊時，仍然有些孤寂。作爲一名虔誠的佛教徒，除非修得正果乘願再來，不想輪迴。今生只想了業，與誰都不再關聯。出書只是正好有邀請，而我也還有一點「説」的欲望時，提供少許經驗給年輕人，也給姊妹們一些陪伴。

資優生是方便的稱謂，只是提早開竅，一樣吃喝拉撒睡，挫折哭泣發牢騷，當然年輕人有表現時，父母難掩喜悦，要緊的是續航力、堅持與善緣。但是我們要的，不只是「幸好沒把他弄笨搞發瘋或自殺」——我們不是獅母、虎媽，我們是陪著他們走過一段的護航人！

命裡有時終需有，命裡無時莫強求。一切的一切，都有如船過水無痕。如《金剛經》所説，一切如夢幻泡影，如露亦如電。與兩位分享。

如昭美姐所説，她總是傾聽。我是登門求教，把他們攬進來的人之一。當楊教授爽快的讓陌生的我帶著孩子到他們舟山路靜雅的宿舍時，她笑咪咪、勤快的招呼我們，舒緩了我緊張的情緒。那正是我最不知所措的時候，三個孩子的發展完全出乎意料。楊教授的才學智慧讓他們的資優兒子柏因發光發熱，我清楚的知道這是我的榜樣。我，學就是了！楊教授解數學題一樣畫出軌跡，我唯一一次沒聽就出了狀況，自美返國時，我沒讓顯兒直接跳級，後來增加了不少麻煩，幸好沒耽誤到兒子。楊教授，是菩薩借我的金頭腦，而昭美姐顯然是金頭腦旁邊的清涼劑。他們的書《緣與圓》，值得細看玩味學習。

而汗如的發展，更是無心插柳柳成蔭。邏輯與藝術的結合，怎不令人嘆為觀止。說到這段歷程，昭美姐的文筆意境如行雲流水，又怎不令我甘拜下風！

是父母本身的能量有限，也是在職涯上，因爲時機的不同，已難分身自己教育女兒。維哲幾乎只能關注到長兒。而如果沒能緊隨在長兒的身邊，讓父親同時調教，性格的發展和學習方向的興味就有可能不同。我也說不出我的子女是天生興趣不太一樣，還是出生後的、偏父或偏母的調教成長的關係。總之長兒走理科，女兒進入崑劇界。

上了大學後，汗如本來也以爲會乖乖念在聯考時撲咚進去的淡江數學系。恰巧，我們就住校園內的台大竟然有歌仔戲社團。每一個社團都一樣，極力拉攏熱愛表演的人，不會排斥他校。也或許因爲她是楊教授的眷屬，也佔了一點便宜。

她覺得念數學愈來愈辛苦，進歌仔戲社團像進避風港。可以紓解壓力，又演出名堂。他們一大夥人都很盡興，努力的玩、學。所以大學時期的社團比教授、教官、家長更具有影響力。他們熱熱烈烈、瘋瘋癲癲、不顧一切的投身在趣味相投的團體活動上。他們不枉費「輕狂少年時」，有畢不了業的隱憂，但都畢業了。

大學畢業時公演山伯英台，純潔的演員自己都被劇情感動，淚溼兩頰。通常學旦角者眾多，肯反串的很少，汗如聲、色不差又反串小生，很吃香。

時機又眞巧，畢業時，宜蘭的公立歌仔戲團成立了。她入團，並沒有想到要徵求父母的意見。

一陣風又來了，中國的崑曲、崑劇已沒落了，卻像那些瀕臨絕種的動物，在這時當選爲聯合國科教文組織的世界遺產。台灣很快舉辦崑曲研習計畫，一期期的辦下去。中國的崑曲界大師紛紛被聘來台灣教學。汗如每週回台北兩天，恰巧趕上參加這額外又豐盛的研習。她是第一屆學習崑曲的孩子，頭班車乘客少，競爭者稀。畢業後，又恰巧有位痴迷崑劇的企業人士要去中國考察崑劇生態，剛好有一位正科畢業，可以當隨行祕書，以後就納入他的出版社的崑劇部。在出版社上班，業餘還能繼續參加社會上興起的崑曲社。

社會上已有小眾成爲崑曲迷，因爲唱詞十分秀緻，觀眾也網羅中文系生。崑劇還是一樣，旦角佔絕大多數，小生嫌少，所以汗如始終這麼吃香。

汗如像風箏一樣，每每可以乘風而起，最終落腳在崑曲界。我才聽過許芳宜的演講，她曾是雲門首席，她說她進入舞蹈界很單純，因爲她別的都不會，所以都沒有決定不下、猶疑反覆的問題。我想形勢比人強，汗如也有自知之明。我們做父母的反倒有一種解脫感。她的前途就這麼由她自行掌握了。

親子情結難解　左右為難的夾心媽媽——承愛的故事

承愛的兒子現在服務於國立研究機構，當年他是個拒絕醫科的孩子，在醫生還很吃香的年代，要做出這樣的選擇，想必需要很大的勇氣，也面對了許多壓力。

民國六十七年，我懷著六個月身孕，在台北市臨沂街住家附近二樓租了十三坪二樓公寓，拼圖一樣讓每個機器各得其所，還可以有一個上下鋪，讓護士萬一加班太晚回不去時可過夜。及人牙醫正式掛牌，沒幾天上來一位樸實柔和的媽媽與約莫十歲的小男生，我訝異於孩子那一筆好字，熟了以後知道是爸爸督促的。迄今三十多年，診所搬了兩回，她也搬了兩次，遠去台中。

謝謝承愛一直信任我照護她的口腔健康，分享人生旅程中的老與病、兒子成長的喜悅與空巢媽媽的無奈。

謙虛而略帶憂鬱的承愛這樣寫著：

我只是一位很普通的家庭主婦，從未書寫過文章，當年孩子在國外進修時段，只偶爾寫過幾封信，能寫的題材很少，而孩子忙於課業，最簡易的方式，就是打越洋電話，問安，多照顧自己，如此簡潔話語，你可以想像我是個呆板母親。

我是你長期牙病患者，算算看，有否超過三十年？或許在長期以來，醞釀已久，敏銳觀察之下，心思細密的你，能察覺到我存在諸多問題，希望經由我的書寫，透露一些不爲人知的家庭中生活細節和諸多盲點與缺失，做一番大幅度的檢討改進，而能眞實的呈現出來。

孩子的父親脾氣不好，小孩才三歲時，還曾上演父親要趕他出家門的戲碼——雖然只是把孩子送到玄關，但也大大驚嚇了幼童心靈。孩子考上台大物理系之後，拒絕了他父親希望他轉系醫學院的要求，在他爸爸的面前，我先打預防針，我們尊重孩子的決定，不要施加壓力、干預，由孩子自我審度取捨。

眞正說起來，我們母子當中有一道無形的鴻溝阻礙，我無法跨越走入他內心深處。

在孩子小學三年級時，提出想要母親給他過生日，我很不通融，一口就回絕了，「小孩子過什麼生日！」他滿臉期待的眼神一下子化爲黯淡！被母親澆冷水，剛冒出的綠芽，才見到陽光，就被媽媽給摘除，每每想到這件事，我的心就很痛，沒有試著去了解孩子的想法和需要，孩子不輕易開口，一定背後有一個動力想做，一個生命的誕生是充滿喜悅的，爲何我只顧慮到傳統教育？其實親子之間的互動，親情交流，更是親子相處的心靈饗宴，錯失良機，好機會沒有把握，白白流失掉。

從那次之後，他有需要，再也不願說了，這是我造成的，我一生無法彌補遺憾，只有往內心深深反省懺悔。

求救這個議題，對我來說有點陌生，我不曾動用，孩子也不知道，遇到困難或窘境時，身爲母親的我，也常沒有辦法應付自如。

如果時光能倒流，我希望我能做一位更稱職的母親，和孩子同步學習，同步成長。營造溫馨圓滿的家庭，讓孩子安居其中，其樂融融。不再有負面的種種想法，只有正面凝聚，才是眞正幸福家庭。

如承愛的預料，當她與孩子談到這次採訪與她的掛念時，母子冰釋了。天上的父親應該也會感到安慰吧。佛子的想法，人身難得，生在這個家庭，本來就有該承受的業障要承受，有累世的因緣要了，感恩第一。

為母則強，翼護著孩子免於被傷害之餘，也得顧念老公的情緒是否瀕臨臨界點，難啊！先逃吧。冷靜下來時再溝通，尋求協助是必要的。

突破限制的母親　奮不顧身的母愛——亞乃的故事

Sac 念醫學院時，與我一直住同一宿舍。印象最深刻的是她與亞元配成一對時，穿橘色上衣白褲子的情人裝，男俊女俏，羨煞宿舍裡多少女生！但不久後聽說 Sac 患有全身嚴重疾病，女生們遺憾了一下，有些人不懷好意的等待下回分解，且看家世良好英挺帥氣的亞元是否會棄她而去。但是有情有義的愛情發酵著，兩人終成眷屬。亞元服完兵役後，或許是亞元為了幫愛妻找尋最先進的醫療技術，夫妻倆去美國當住院醫師培訓。

幸虧在美國，Sac 的病情受到很好的控制。當住院醫師時，主治醫師宣布 Sac 可以懷孕了！亞元不捨的躊躇著，但是 Sac 義無反顧的勇敢選擇做母親的幸福。在繁忙的住院醫師生活中，主任很體諒的讓她巧妙安排每日午休，過著小心翼翼平靜的日子。日日禱告：上帝啊，謝謝祢給我這樣的機會，希望祢看守我的孩子，讓他平安出生。雖免不了有子宮出血等狀況，但都有驚無險，症狀表現得相對輕微。健康健全可愛的三千公克男寶寶，提早兩週在主治教授的見證下來報到，這就是亞乃了！

貴人總是及時出現！倪爾森家母女（女兒是護理師），協助她在舉目無親的美國照顧孩子，順利完成住院醫師訓練。夫妻倆選擇去偏冷的匹之佛小鎮定居，因為那兒學制良好，文化氣息濃厚，有著名的伊斯曼音樂學院，難得屋價平實，距離上班的教學醫院僅半小時車程。在安定的環境中，亞元成為一位世界有名的腫瘤科教授醫師，孩子也順利成長，聰明活潑，擅長數學、球類運動與小提琴，喜歡演戲。

Sac是個智慧的母親與妻子，深愛她以生命換來的孩子與殷殷照顧自己的老公，用心與疾病共處，與她的醫師充分配合，終生和高高低低的指數堅強對抗，並且一直選擇做Part Time醫師，兼顧自己的健康與家庭，陪伴孩子長大。在上帝的守護下，即便美貌減分，她都甘之如飴，覺得自己很幸運。雖然礙於健康，她仍希望自己是完美的母親，注意儀容與裝扮，親自打理家務，課後陪著打球、做義工。能幹的她燒飯洗衣易如反掌，更細心的觀察出孩子小一小二在班上不守秩序，是因為他的IQ比班上同學都高而感到無聊，所以通過測驗，三年級時被編入資優班（Talent Program）。個頭小的亞乃喜歡演戲，每年的演出都被選上當個小角色，善良的他也樂此不疲。Sac也非常享受有亞乃這樣的小孩。七年級某日，亞乃一本正經的跑來對他倆說：「Listen，**我長大了，不是小孩，你們不要再像以前那樣對待我了。**」之後他們就格外留心，在朋友面前不要像對待小朋友那樣對待他。

亞元對工作非常投入。雖然經常在孩子身邊缺席，他還是盡可能使勁的支持孩子，舉凡運動、演戲、學琴，處處給予母子掌聲。Sac 長年與類固醇為伍，難免受傷，在異鄉承受的生活壓力可想而知，「God with me！」她說，奇蹟似的竟然沒有出現骨質疏鬆。撐著撐著多年過去了，亞乃如願保送 William College，此為美國前三名最好的 Libral Art College，是個學費與哈佛相當的小而大方的學院，每班的師生比不到十，甚至五、六的都有。整個學校和諧親愛的氣質吸引了這家人，於是亞乃在這兒完成他四年快樂的大學生活。有很多朋友，喜歡幫忙同學，有時難免被同學利用，慢慢的也學會如何自保。課餘更是登山社與 Ultimate Brisbee 隊的隊長，他朋友很多，今年在馬來西亞的蘭卡威島結婚，有八十三位好友老遠從美國趕來參加，人緣之好可見一斑！畢業後，自己決定去溫暖的佛州工作一整年，終於收心準備再念碩士，進的是紐約有名的 Parsons School，主修 Art Design，以前三名畢業，並代表畢業生致謝詞。同學形容他是「一個有革命思想的人」。

向來喜歡義務工作的他，高中時期就是滑雪急救義務隊隊長，還是個兒小小的他在冰天雪地中出勤務，幫人包紮骨折傷口，讓媽媽擔心不已。他不喜歡念醫，雖然父母親都是醫生——因為他目睹父親的忙碌工作，沒有多少時間和家人在一起。可敬的是Sac和亞元沒有強迫他，讓他自由發展去做他喜愛的選擇。他設計了一個社交媒體網路，被Google看中而收購並且重用，現在他是Google的成員。他是個知道如何選擇自己的生活方式，並努力而為的人，是長輩眼中一百分小孩。

至於老友Sac，在我眼中當然是一百分媽媽！這是個一百分家庭！

第五章　千手觀音不忙亂

現代父母不簡單，想要顧好孩子，先要培養強健的身心，要不然千手觀音也會變成沒手觀音。

最快樂的更年期族

二次戰後的女嬰兒潮，時至今日已全部屬於所謂的更年期階段甚至後更年期階段。這個族群大概是有影響力的少數（？）吧，報章雜誌在這問題上的討論很多——新聞工作者、醫師、女權主義者……林林總總，有平鋪直敘、有諄諄善誘、有針鋒相對，好不熱鬧，卻少見這年齡的人來談談自己。所謂標準更年期年齡，大概是五十到六十五歲，忝為醫界一員的我，於是自告奮勇，昭告天下，年紀大了真好！我健康快樂，比所謂「年輕時」好得多多！人生本來無常，夕陽無限好。近黃昏沒什麼不好，尤其像我這樣有恐黃昏症的人，克服之後，感覺特別甜美。

我們這個年齡的人，因著物資與醫藥常識的欠缺，很少從小就是健康寶寶。藥罐子的我大學念書時只要走完椰林大道，就覺頭暈目眩，須躺在女九舍歇息。糊里糊塗預產期不明亂經的人，也生了三個聰穎健康的孩子，過了二十年所謂「一根蠟燭多處燒的日子」，除了頭髮掉了、白了不知道痛外，全身關節差不多都痛過，護腰鐵架穿了七、八副，也胸悶了好幾年。一副活過五十就阿彌陀佛要坐輪椅的樣子。

曾幾何時，我居然如假包換的有了一張高山嚮導證。雖不無「矇」來之嫌，卻也曾不折不扣可以背十一、二公斤走上三、五天。度過數年各重要關節，舉凡腰、膝、踝都綑綁起來活像機器人的登山日子！偏偏山頭與我相看兩不厭，一花一草一木，一石一山一川，蜻蜓、蝴蝶、螞蟻，不管是不是生命，在我眼裡都充滿了美與喜悅。好一陣子約莫早上八點鐘，如果在象山、拇指山頂，見到這樣一個鄭重其事的穿著高筒登山鞋，有點花痴（儂今葬花人笑痴），蹦蹦、跳跳、唱唱一下的機器人，想必就是我了。三不五時也到中央山脈、雪山山脈趴趴走，也完登百岳，有在高山縱走數天，日走一、二十小時的耐力了。

當然是有一點骨鬆症，也有特好的忘性，還有一些兒過重。正因為安分於有骨鬆，所以不勉強自己背二十公斤，別人也理解；認分於忘性太好，所以不與人去爭執「我明明記得……」，所以把心裡頭的垃圾倒給我很安全，因為分類做得太好了，還沒進入我珍貴的記憶庫之前就自動墮入焚化爐，沒得重播（也沒時間）；借傘借小錢不用還，因為我根本不記得曾經借給你；得罪我也不礙事，因為不開心的事肯定是忘得更快的。不爭、不記恨、不逞強、不做廣播電台，圓圓臉笑咪咪，說要人緣不好也難。

因為忘性這麼好，我很少記得今夕何夕，當然也不記得自己幾歲，總以為才三十八（三十八年次）！偶爾看到亭亭玉立的女兒，得意之餘，加減一下才恍然大悟。剎那失落之後，想想也是好的，一甲子年紀，代表人生責任初步達成，見識過人生無常，再大的事也不過爾爾！其實該感謝女兒一向與我保持三通（一通衣櫃、二通飾品櫥、三通鞋櫃），跟我分享她喜好的風尚與思想，方得免於ＬＫＫ（據說這個字眼也「老」了）。

勤運動、練氣之後，壞朋友（麻煩又累人，當然不是好朋友！）每月按時報到，害我差點在冰攀雪山及首次南征嘉明湖時出糗。尤其嘉明湖行，因為已經服用數天的Progesteron（雄性激素），以為肯定延後了，有恃無恐，沒有準備，以致落難到在凌晨五點鐘，摟著利稻馬路邊的原住民婆婆，悄聲問她家媳婦、女兒可有那對蝴蝶翅膀？高價收購！恨死我，笑壞我的婦科醫師，氣壞眾山友，領教我的拗脾氣。

所以，Progesteron（雄性激素）或Estrogen（雌性激素）會對人體造成什麼影響，實在是有個別差異的。我有幾位八十多歲老太太病友，持續服用二十多年女性荷爾蒙，每天運動二十分鐘，臉色紅潤，腰身挺直

（只有幾顆壞牙），更甚於我。醫者仁心，沒有故意下毒的。藥與毒，一線之隔。藥，多少有些副作用，兩害相權取其輕而已。如果需要的話，就應該要相信自己所選擇的醫師，做出對自己最有利的治療。

飛揚的身、心，尤其不泯的童心，肯定會帶來彩色世界！忘記年齡，拋卻身分，時時學習，慈悲喜捨，每天面對鏡子微笑十分鐘，悄悄告訴自己「伊蓋水，抹死」(吞一顆 E、Ca、B、C 多喝水)！讓更年期這名詞，變成只是備忘錄（新解：準備忘記的紀錄）的一部分。

有人說「女性沒有更年期不更好」？我當然不這麼認為，月經對女性來說，真的很不方便，白褲子都不能任意穿。傳宗接代並不是女性命定的唯一使命，認真維持身體健康，更年期之後更自在。現在的我，只記得「蓋水」——吃鈣喝水。鈣可以是深綠色蔬菜等天然食品。

姊妹們，共同努力吧！不管有沒有更年期，不管戶籍年齡，再造青春，不妨仰賴一點進步的科技，偶爾雷射脈衝一下，吃一點點藥，經常帶著影兒，與自然約會，奢侈的用三千公尺以上的山泉水洗臉——不需要用任何大大宣傳的、昂貴的卸妝水（沒有化妝哪需要卸？）。保證女人六十猶如一朵盛開的牡丹花。因為怡然自得，所以雍容；因為沐浴智慧之淨水，所以華貴！

頂著一彎新月：奇異的恩典外一章

站在長鏡前，心懷忐忑的打開頭上的紗布，頭剃了半邊，大約一二公分長的傷口平整乾淨，倒好像是頭頂上掛著一彎新月，旁邊還有個大大的北極星（引流管的開口）。頭殼好好的，大概因為還腫，沒見到醫師所說的五十元大小凹陷，多少放了心，不禁欣賞一番（女士們生平大概很少見到自己真正的頭形），嗯，剃度的話看來是個正點的好腦袋瓜。

二〇〇七年二月十一日中午，快步走在處處崩壁略顯陰森的山徑上，正暗自慶幸終於要結束這段帶點詭異的散步，忽然莫名其妙的像垂死天鵝一般，兩手斜前後一字形伸展，左下巴與胸著地，跌倒在下坡路上。在朋友與兒子的攙扶下，掙扎著坐起來，只覺左顳合關節（Lf.TMJ）與背很痛，下巴整個歪了（Shift to Right），右側完全不能咬合，而右眼球頓覺突出變得像大棗子，兩眼沒辦法聚焦，以為是眼珠子跑出來了，聽朋友大叫頭上出了很多血，因為不痛，頭並沒觸地，心想她真是大驚小怪，只覺得「頭先生」頗有一點重量。在佛號聲中自己慢慢運氣喬下巴，檢測一下沒有下顎骨折（Mandibular Fracture），輕輕按摩右眼。動一動四肢完好，神智清楚，只想著眼睛不能壞掉，以及診所要多請一位女醫師了。

在大夥兒一陣緊張中，救護車送我到梨山衛生所。隨車的年輕人一直安慰我說：「阿姨不要緊張。」我也鎮定的回答：「很好，不用擔心。」到了衛生所，醫護人員很快幫我抬下擔架，一位看來溫和的中年醫師戴上手套，告訴我他要檢查傷口，並且說他會很小心不弄痛我。果然不痛，但是他馬上縮手說頭骨有裂痕，不是當地能處理，要後送羅東博愛。頭殼壞去？代誌大條了。我反手握住醫師的手，溫暖親切。告訴他我也是醫師，先生兒子在台大上班，隨行的兒子就讀哈佛醫學院，請他務必送我回台大。起先礙於規定，他頗為猶豫怕司機不知道路，我請他不妨幫我叫羅東的自費救護車接手，後來破例同意，朋友請羅東的朋友至博愛醫院引路，經過雪隧，三個小時回到台北。血早止了，一路上最痛的是脖子，下巴喬了回去，眼睛比較可以聚焦了。

外子與么兒在急診處候著，杜永光教授犧牲他的餐會趕來，看了CT與X光，說是頭殼與第一、第三頸椎裂掉，白血球數上升至一萬二。嘩，代誌更大條了，我還是莫名其妙。那ㄟ阿捏？我安慰同行的友人（三位許醫師看來十分篤定），醫師只會給我清創然後用膠布貼起來，不用擔心。倒是請求小姐拜託醫師幫我把傷口縫漂亮一點。美麗的小姐笑咪咪的說，我看你拜託美髮師比外科醫師快一點。我嘆了口氣，旋即失去知覺。

醒來時覺得是排排躺著，旁邊再旁邊的先生在Murmur，有點吵，我輕輕的跟護士小姐說：「我醒了，可以回病房嗎？（夠專業清醒吧？）」朦朧中小姐也溫婉的回答：「待我把手邊的事做好就送你回去。」一番折騰，幸好不痛。

第二大杜P回診，說是被落石擊中。拿廖廣義教授來比，說是Same Story Different Result。他判斷頭殼的Complex Fracture可以不處理，讓它自行癒合。但是傷口很髒，夾滿碎石毛髮，仔細去除，並且著實沖了幾桶優碘藥水。笑我像是黑社會頭目被「蓋頭摃」，我不懂。他說，就是被蓋上頭巾，然後大力棒打，力量大至連頸椎都斷掉，虧得頭殼夠硬，雖然硬腦膜有凹陷，腦部並不見出血。阿彌陀佛，有燒香有保佑，有努力有回報，敢情是石頭被內氣震碎了。呵呵，傳導力震斷兩根頸椎，推出眼球（？），導致眼眶出血，腦中卻是無礙，除了感恩，不知還能說什麼。

攬鏡自照，白色層次瓜皮帽（加壓的繞頭彈性繃帶），右側加一紅色垂穗（滿滿血水的引流管），單（右）側熊貓眼，加上非洲土著的高項圈。嗯，肯定是二〇〇七年兼具增高功能、最 in 的裝扮。

這回多虧健保（感謝各位英明的 Mr. 與 Mrs. 總經理們），偏遠地區有來自彰基的優秀醫師，當機立斷後送回台大，感謝雪隧通車，讓台北比較近，感謝聖嚴師父來看了兩回。當然也感謝老公孩子，為我做了妥善的安排。摸摸鼻子付了將近兩萬塊住院費，不敢吭氣兒，不敢叫痛（不過除了拔引流管時，其他真是沒什麼痛），阿彌陀佛。

中部山區真是不能去了（原來這山徑是合歡西峰下華岡的林道，報上屢次介紹），攀岩帽勤勞戴，保證山友們長命百歲。至於老太太我，恐怕得等半年腦震盪觀察期過後，才能海拔三千公尺上見了。

小難不死，免不了期待有些許後福。目前的收穫是確知臨難時，佛號未曾間斷，肯定會蒙佛菩薩接引往生西方極樂世界。師父說三個月後要好好順一順脖子的氣脈。老友白醫師則額手稱慶，說是頭傷不能趴趴走，嘴傷（顎關節傷）不能妄語，正好修行。我覺得應該買樂透去，抱個大獎好布施。各位看官包牌嗎？「豬」事大吉喔。

天梯

二〇一一年四月十號晚上九點整，埔里武界林道V形谷崩壁。

月光不是很明亮，卻是剛剛好讓新安裝的不銹鋼梯子閃閃發光，擎天一般直奔已經下墜的下弦月，還鈎著點點亮晶晶的星兒。圓滿的心情剎那間飄過太平洋的那一邊，只願我那一雙即將完婚的兒女，生命的軌跡也能如此筆直、閃亮，上達顛峰。天下父母心啊，無非都像我一樣傻傻的只想竭盡所能為兒女鋪路架梯，祝福他們幸福一生。這天梯哪，就當是作母親的為兩對新人祈福吧！

在山友的確保下，我穩穩踩踏著梯子，手中握著十一釐米紮實的 Mammut 圓繩，欣喜又感動，鳳翔、大腦兩位伙伴肯定花了一整天在這兒鎖螺絲找點架梯，讓功夫欠佳的我完成卓社大山的攀登，日後協助更多山友輕易橫度九二一震出的V形谷，不再視這兒為畏途。

二〇〇七年十二月，我腦傷初癒半年，想完登百岳的葉老大有甘卓萬群峰行，本來十分躊躇，一來怕透了突如其來的落石，可不是每次都有這樣的幸運，腦袋開花頭殼留下十二公分長的裂痕頸椎斷兩根，竟然沒有一點顱內出血，腦震盪症狀也小吐一下就過去了。二來下坡時，眼腳的協調好像還沒有太好。但是老友預言這隊伍會有人受傷、生病，我有照顧他們的責任。虔誠的佛子我不敢不信感應，難得外子也沒下禁足令，就去囉。走來尚可。要攀登十八連峰上卓社大山的前一天，走在後面山友的眼睛被我扯過的箭竹打傷，雖然適當防護、保持安全間距與靈敏閃躲是過茂密箭竹林的基本功，我還是認為當醫生的我有照顧他的道義責任，加以葉老大志在必得，這趟出來我初次意識到他有廉頗老矣（對不起啊，我說的是真心話）的感慨，反倒是練氣的我心肺功能比較好。於是自願留營與山友作伴，讓我的嚮導與葉P的嚮導金榮三人快快走過難纏的十八連峰，一向我自認沒能力完登百岳，少爬一個山不算什麼，就是不能拖累老大的行程，下山時並衷心建議他做心臟功能檢查，我相信我們還沒有老。

沒想到去年漂亮走完南三段，寫《母愛的權限》一書時，完登百岳的念頭十分強烈。幸運的有孫悟空協助、鼓勵與針對我的弱點規劃，利用診所大樓裝修的空檔、趁著兒女即將相繼成家的喜悅，短暫放下塵勞──走路就是休息，學習孫悟空一向的提點：愛山敬山愛眾生，方便自己方便他人。前人為我們拉繩架橋，久了氧化了容易出事，我們用能取得的最好的材料補強。他慷慨購買長毛象的專業繩索，細心的把每一個繩結打得堅固牢靠，發揮他攀登世界七頂峰國外受訓所學，指揮嚮導們以大樹、岩石做支撐下繩、鑿地。看著五位壯漢用心賣力的工作著，充滿了力與美，更重要的，我感受到慈悲，一種為山友安全設想的慈悲！一路誦心經的咚咚嚮導（吳進東）兩位年輕的山青小田甜（好厲害啊，背著三、四十公斤重兩米長的角鋼等等，攀登技巧一流）與大腦，都是初次合作，這樣的投入！幫忙購買角鋼與繩索的鳳翔，跑腿之餘也特別上山來幫忙，兩天成軍的團隊，竟是這樣群策群力，感恩啊。

本來卓社大山行安排在三月底，幾場春雪打亂了計畫，南一段淒風苦雨的荒地淬練沒有讓我更堅強，反倒一見好天氣就忍不住想早早去將備好的繩、梯架好。我是神經質、性急、不認輸的膽小鬼，聽某嚮導說有個路段會讓我皮皮剉（一生中倒未曾發生過），忍不住發揮醫生解決問題的能耐，失眠竟夜想出架梯這一招（經孫悟空認可是正招，國外常用），就迫不及待想完成它也免雨季來到有山友滑落造成憾事。所以該嚮導不克同行之後，倉促組成五人小組心懷忐忑的出門。幸好鳳翔介紹的素昧平生的小朋友們，週二剛走過這一段（卓社大山下武界林道）。提供照片、每個斷層高度、難度等等資訊更是功不可沒，讓我們能精準準備器材人力。菩薩保佑，竟是這般圓滿！再次感恩！

好事不免多磨。第一天咚咚嚮導孫悟空與我久候小田甜三人不至。三點左右我建議有水就紮營等人，看來像是將近**48K**的第二水源。孫悟空煮了熱水讓咚咚嚮導泡點東西喝，隨後他接受孫悟空的建議二話不說回頭找人，我則躲在四人帳披著咚咚的睡袋保暖。入夜之後我有點不安，八點左右終於全員到齊我的裝備也到了，阿彌陀佛。原來幹練的小田甜、鳳翔竟然走錯路，背著四十幾公斤多走五小時，令人不捨。我幫每個人測量血氧脈搏，幸好只有大腦胖胖含氧量稍低，其他人都ＯＫ。

我主張第二天讓大夥休息夠天亮再走。早上六點半上路，八點到預定**53K**營地很快就到Ｖ形谷，花了大約兩小時架繩、小梯，遠處大樹梢兩隻大猴子探頭探腦緊密監工，這些繩、梯肯定是日後牠們的最佳遊戲場。大夥護著我通過之後，鳳翔與大腦留下來繼續組合梯子、鑿地，務使架設更可靠踏點更平穩。

近頂時路邊一個攤開棄置的睡袋。我雙手合十鞠躬默禱：睡袋啊如果你有主人，請皈依佛皈依法皈依僧，早日去西方極樂世界，不要在此閒晃，落入孤魂野鬼道太辛苦。並念佛回向。後知是新北市野外登山社的山友在此失溫不治。

攻頂已將近四點，我輕撫三角點並道感謝，頂上擺著八寶粥象徵吉祥如意。拍照禮佛拜山神眾生為國、家與眾生祈福，略事休息，四點半下山。摸黑是必然。箭竹林下切孫悟空帶著我等三人猛衝，少休息少水兩個半小時天全黑時下切到林道，九點整回到V形谷，欣賞到幽幽的下弦月光下彷彿擎天一柱的梯子，第一次，我覺得不鏽鋼有那樣的生命力與美，不是平常我厭惡的冷冰冰；繩索是那樣紮實牢靠，不是我平常害怕的晃蕩。我安然度過，眾多山友也將簡單通過。

感恩大家。感恩菩薩賜予我日走十八小時的耐力。

但願公家能多造橋鋪路多設路標（下山時我們在迷路處綁了登山條），領隊嚮導能多些責任心與訓練，增加山友的安全；獵人、山友們請把垃圾帶下山。已經失落的生命早日有歸宿，親人傷痛的心境早日有依託，山淨心淨好風光。

無限祝福。

哪ㄟ甲呢幸福

三月艷陽天，約莫下午兩三點，抵達了營地，我趕忙把雨衣雨褲綁腿睡墊鞋襪等潮溼的東西拿來曬在矮箭竹上。在海拔兩千兩百公尺左右的雲雨帶走兩天，身上都快發霉了。此地三千一百公尺，再大的太陽曬在身上，也只是暖暖的很舒服而已。

大夥兒忙著找水紮營，五穀不分四體不勤的我，懶懶的依著三角點坐，披著蕙婷小姐送的建國一百週年紅白藍圍巾，更暖和了，「新仙山」？一點都沒錯，正是覺得自己像新成道的仙人，逍遙自在，以前到營地總是累得癱在那兒，這回由抱崖陡上一千公尺，卻是沒事人一樣玩水喝湯曬裝備，哪ㄟ甲呢幸福？忍不住拿起相機拍了生平第一張自拍照，瞇瞇眼笑得好開心，這是我嗎？

營地傳來孫悟空的狼嚎與數落：人家問要不要休息，也不回答，只是揮揮手掌，招財貓一樣。咦？這是說我嗎？K嚮導真煩人，每過二三十分鐘就問要不要休息，老人家我沈浸在慢步經行的穩定當中，回應幾次後懶得說話，就揮揮戴手套的手表示「ＮＯ」，免得中斷氣的運轉（Rhythm），練氣的人最怕岔氣哩。K嚮導吊了一下書袋，我學不來，大意是說為將者要注意士卒的狀況，才能無役不克。我狐疑的回答：「我請的都是將啊，這兒只有我一個是卒咩。」照走不誤。W嚮導也說話了：「洪醫師，你走太快了，我一個人走時也是這樣的速度。」係金ㄟ？騙老人家？每回葉老大攏是講「攔那行」（我則說笨鳥先飛）。今天這群人巴結老闆娘（山青土蜂都這麼稱呼我）也不用巴成這樣，太過分了。當然也是不予理會。沒想到孫悟空也發難了，這人忽發奇想，緬懷過去，穿起當年中央山脈大縱走的雨靴，走來想必沒有登山鞋順當，腳兄弟有點抱怨也是免不了，干我老人家什麼事？我一向是慢郎中呀！

孫悟空繼續狼嚎，W嚮導忍不住了跑過來，「洪醫師，你去看看郭大哥是不是卡到陰？發這種怪聲？」講蝦米？只好過去瞧瞧，美猴王脫下雨靴拄著登山杖忙著，果然不若平日英雄氣魄，一看到我，只差沒破口大罵：「ㄏㄡ，這隻招財貓問休息不回答，只是揮揮手，一群人都被你操倒。」阿彌陀佛，係金ㄟ！趕忙向眾家兄弟道歉，我一向慢，不知道輕裝走來比大家重裝（孫悟空背四十幾公斤）輕鬆這樣多，卡失禮啦。勝之也不武嘛，莫見怪。W嚮導說：「好啦，今天你表現良好，明天帶你去天宮堡壘。」又是什麼東東？聽來倒是好地方的樣子。

朦朧中天亮了，整裝待發。對新康山心儀已久。一九九八年元旦背著十五公斤大背包踽踽獨行，轉到嘉明湖湖邊時，在日落西山的昏暗中首次見到新康山大名的路牌，還以為就在不遠處呢。前幾年兩度鎩羽而歸，雖然恐龍及高良兩人醉倒在陳高酒粕中，冥冥中又好像有林科長的呼喚，還是有點挫折感。這回改道而行，好像真的近了。來到大岩壁悄悄鬆一口氣，雖然腿仍不夠長，但是演練過石山林道的壁虎功之後，這點暴露感就不算什麼了。高個子土蜂的肩膀會是我的踏點，阿彌陀佛。繩子看來老舊，K嚮導沒把孫悟空再三交代的三條繩子帶上來，孫我兩人當場傻眼。好吧，吉人自有天相，只是遺憾不能給日後通行的山友多一分保障。猴王說拿出來的東西他不拿回去，就送給K嚮導以後有機會協助搜救時派上用場。

很快到了新康山，例行禮佛祈福了卻多年心願。三十分鐘路程外的天宮堡壘，一路怪石嶙峋，果然是雄偉刺激的好山頭，新康山系最高點。可惜我膽小，導播不夠好，拍的照片不夠英勇，K、W二嚮導的照片充滿力感，一副后羿射月的架式。

也不是每天都這麼開心。第一天差點撤退。故事是這樣的，走林道是走跑步機的人的強項。本來預計以每小時三公里的速度走二十七公里應該不難，因為我請了三位號稱有五十公斤背力的高手，食物連我的裝備共四十五公斤，算來應是綽綽有餘。人力不要太緊繃一向是我的邏輯。沒想到行行又行行，走到瓦拉米山屋，一路上帝雉見了五六七八隻（奇怪只有第一隻是雌的），數都數不清，獨獨不見我禮聘的三位高手。因為走給霧雨追，我沒有雨衣（身上只有一個小腰包。五十西西水，不能拖累他），在黃華就與孫悟空分手。他背了四十多公斤，晚我四十五分鐘，而嚮導們足足晚我兩個小時，也就是說，我在山屋外吹風吹了兩小時（門鎖住了，嗚，迎賓之道那ㄟ安捏？）。那樣平緩的路，我只是慢慢走，標準時間四個半小時到，而「高手」每小時走兩公里，到現在我仍不確知發生了什麼事。

停止太久（三小時），身體涼了，腳抽筋，我傷心得走不下去，回頭住瓦拉米山屋，思考後面怎麼走要不要走。K嚮導提出解決方案再四天走完，我想玉山國家公園這麼幫忙，核准這條路線，況且我沒驚沒險沒見百步蛇黑熊山豬，只見美麗的花朵與頻頻引路的帝雉獨享芬多精，難得的經驗。也就化嗔為喜，約束不可棄老人家於不顧，開始開開心心再上路。

回程霧雨。聽得W嚮導Murmur，再走輸我，他們三個就沒得混了。凡事留人三分地麼，最後一程（約三公里）耍耍賴，果然又見三條好漢。老人家是永遠的最後一名，哈哈。金係幸福。

願我們有大而美的登山學校

「嘔……」我蹲下來吐了。這是在吳興街象山登山口起登沒幾階的地方，我穿著嶄新的運動鞋與牛仔衣，特別停下門診來做女兒小學資優班課外活動的愛心媽媽。沒想到幾步路就吐了，女兒輕拍我的背，好心的路人給我一顆酸梅，並且安慰我，「沒關係，一開始都是這樣。」

年輕的我根本不運動，不知道登山就像游泳或舞蹈，需要韻律呼吸，以為念書時登皇帝殿的功力還在，嘻嘻哈哈一身很運動的樣子就來了。完全不知道十年上班養兒育女損耗了很多體力，才落得這麼狼狽。又過了十年，偶然與朋友提起這段糗事，互相鼓勵再親近山林，三兩好友，星期日一早開始「學步」。請不要笑，我真的是「學爬山」，四十多歲了一步一步重新學。週日班山友功夫太好，我跟不上老拖累人很慚愧。於是另外找了兩個跟我差不多爛的朋友，週三、五上午孩子們上學後偷練兩小時。一生中很多技巧都是自然會，唯獨爬山這件事，真的是練出來的！經常揣摩健步如飛山友的步伐，一步一呼吸或兩步一呼吸的，慢慢走慢慢練，學拉繩練膽量，與常扭到的腳踝、疼痛的腰與膝蓋和平共存，靠護膝護腰護踝的幫忙，好不容易有在陽明山走上五六小時的耐力，上了玉山，終於在最近完登百岳，足足花了二十年。

這兩年山難頻傳震驚社會，正好我較多時間在山中行走，看到聽到的事情十分令人傷心，許多山徑橋樑損毀未修；搜救隊員對目前救難系統有無力感，某些人的心態與敬業態度也需要加強。我想衷心的說：恭喜脫困的山友，悼念不幸罹難的生命，辛苦救援隊了。

以康吉成山友為例，我二〇一一年端午節也在風雨中走過相同的山徑，兩位嚮導相陪。心中有幾點疑問：

一、為什麼要七天才到出事地點？像我這樣的滷肉腳，輕裝第二天早上就到了。幹練的消防員應該更快，聽說四人還罹患高山症？

二、據電視播出：有位長官說「總不能一開始就找民間團體」。人命呼吸間，一息之不來命亦隨逝。只要是高手能來相救，政府民間一樣吧？

三、直昇機是不是最有效的機種？經常看到的報導是地形險峻靠近不易。看過山上所謂直昇機降落點的引導裝置，簡陋得可以，再英勇的飛行員，出這種任務恐怕都沒輒。每一個生命都很珍貴，被救與救人的命都要珍惜！況且灌木叢生落石處處的地形，直升機並不是唯一的選擇。

四、每次都看到相同報導：設備不足繩索不夠長，令人嘆息。例如颱風來了冰箱裡要準備什麼，是常識啊。帶條百米長的繩索，有備無患。SOP應該有吧？

五、山區千萬不要要落單！三個人一起最好。我們要加強安全登山教育，愛山敬山步步謹慎。有山友自願脫隊，簽下生死狀，又有嚮導把直升機當小黃一日叫三回，浪費國家資源，太不可思議了。

我也曾在白姑大山張博葳山友迷路處迷路，第二天回程已經摸黑，沒來得及特別標示，兩週後他出事，我十分懊悔。孫悟空夫婦特別再上山架設路障，希望更多生命得到保障。博葳的故事是山難救助之痛，台灣登山界之恥。願我們有一所登山學校！請政府讓規定有彈性，讓民間有志者參與；改善山中通訊，台灣使用的衛星電話經菲律賓等國轉接，頻道不多收訊不好，常被佔線哈拉，使用者請發揮公德心，免得誤了別人生死大事。縱走天數長，有時出發後才有豪大雨特報，得讓人來得及應變。生命不能重來，台灣的山林很美，希望能更可親，世界知名度更高，讓登山運動更蓬勃發展。吉成山友出事的地點續往桃塞峰，正是我走過百岳中最瑰麗動人的路段，怪石嶙峋鬼斧神工，雨中尤其動人呢。

法喜充滿

頭一回，我的心對青青山脈失去了感應，乖乖的安住在白潤金圓的佛陀座下與聖嚴法師清癯爽朗的笑容裡。一頂綠色的小小帳篷權充山門，把同行一百零六人無語的關在法鼓山上。不許交談，不許有任何電話聯繫，暮鼓晨鐘，學禪，打坐，師父開釋，早晚課，渾然忘我。對山下事唯一的記掛，竟然只是Snoomy——我那沒覓食能力的貓。

殊勝的因緣，讓我得以參加聖嚴師父親自主持的第十九屆菁英禪學營。師父或許是深諳「佛法不外世間法」的道理，把傳統的禪七濃縮成三天，方便企業主參與，課程緊湊，多人從國外兼程趕回。看了簡章，諸多規定，我以為只是說說而已，沒想到上得山來，第一件事就是「沒收」手機，全院沒有一個公共電話，我頓時傻了眼，診所與家事都未詳細交代。「好罷，總有這天的，暫別或永別都不礙事。」我告訴自己。橫柴拿入灶，心中突然覺得靈靈清清，沒有夕陽的黃昏，連影兒都不來相伴。

佛家講究因——緣——果，雖說種瓜得瓜種豆得豆，因為「緣」的不同以致未必有瓜豆可得。世事之難料衍化出無常觀。每回爬大山，遇上天候或身體狀況不佳，總愛說「不急，山永遠在，下回再來」。九八年攀登三叉向陽嘉明湖（東南亞唯一的隕石湖）時，鬼使神差的帶了《八大人覺經》「壓背包」，接二連三的發生了許多事，加上九二一、九一一，更印證了經上開宗明義所言「世間無常國土危脆，心是惡源形為罪藪」的說法。把握每一個當下，不追悔過去，不奢盼將來。有緣自有機會偕行攀登高峰，無緣，也就作罷。平常心看待欲望與成就，當能省卻許多煩惱與執迷，正是謀事在人，成事在天。

「心不隨境轉」對照著「不以物喜不以己悲」的說法。「心」的探討是佛學的宗旨，《心經》集其大成。一切惟心造。人的行為為心所操控，法師幽默的以「I change my mind」來說明人心之多變與變動的合理化，並以收心、攝心、安心、放心四部曲來闡釋。是的，如若不把紛亂的心收回來，鎮攝住，安置好，那能放下所罣礙的事呢？現代人，尤其所謂菁英，個個三頭六臂，三心二意，身兼數職，一旦空下來時，卻是心茫茫，遇到挫折更是不知所措。記得有人說，哈佛大學只教人如何享受成功，卻未曾教人如何應對失敗，悲劇於焉而生。若能做到「境隨心轉」，遇到困難，「面對它、接受它、處理它、放下它」，維持快樂健康，東山再起不是夢。

「感恩」是每個人琅琅上口的字眼。每次頒獎典禮中，不分中外，得獎者口中總是掛著一串幫助者的名單，少有人感謝那些打擊「我」的人（事）。法師延續著《金剛經》中「無我相人相眾生相受者相」的忍辱波羅密思想，「逆增上緣」，感謝那些曾經打擊我，促使我發憤圖強的人（事）。從前，我只能做到原諒；忽然我點醒自己，今日的幸福，最要感謝那些剝奪我家產、惡言相向，卻呈現現世報在我眼前，教我體會人算不如天算，富貴如雲煙，不是不報只是時候未到的人。幸福不是金枝玉葉、萬事順遂、家財萬貫，而是歷經磨練，忍人所不能忍，參透人生，了脫生死，時時保有一顆圓大柔軟、略帶天真、不虞匱乏的歡喜心。

耳熟能詳的經文、故事、佛語，在法師口中輕鬆道來，句句都像當頭棒喝，警世之鐘。內容彷彿為我量身訂做。每一個說法（理念）彷彿在為我注解與結語，即便是彎腰頂禮，彷彿也才有模有樣。

或許是「I'm ready.」（好友說的），或許是佛緣到來，原本只是來學打坐，卻滿載佛法、氣脈滿盈而歸。只覺法喜充滿，事事條理分明，沒什麼猶豫，甚至沒什麼好說的。故事攏是阿那般，也或許是漲滿得說不出來。即便是讓我逝去，也了無遺憾。「朝聞道夕死可矣」，大概就是這種狀態吧。

禪宗六祖慧能大師有云：「迷時師度，悟時自度（執迷時師父幫忙，領悟時自行解脫）。」但盼「悟時」已到，餘生從此清楚明白，事事付諸一笑。好也笑笑壞也笑笑。

虔誠的佛教徒

在人生的旅途上，不可能一帆風順，就像沒有人不跌倒一樣，要緊的是趕快輕巧的爬起來。我一向顛顛躓躓，雖不至於遍體鱗傷，卻也免不了有錐心之痛。一直到成為虔誠的佛教徒，才懂得優雅的迴旋。

民國八十一年底，寒冬的早晨，媽媽房間鬧鐘響個不停，我有點不情願的起來，赫然見到母親口吐白沫倒在房間門口。我吃驚的叫醒外子並急急叫救護車，奔送台大急診處。她有高血壓病史，所以以為是中風或心肌梗塞，雖然不是很能確診，反正人醒了。大過年的，也就出院回家。約莫兩週後，媽媽卻出現智力衰退，數目字不清楚、有幾個小孩也不復記憶。

日常生活當然也不能自理。再次住院，優秀的黃瑞雄醫師診斷出是慢性一氧化碳中毒，大腦灰質已經受損。群醫頭痛不已，遍查世界論文，都說生還已經是僥倖，六十五歲的人沒有恢復的前例。當時外子台大還未有職缺，剛買診所，滿身負債，母病子幼，覺得日子實在過不下去。我近乎絕望的在靜巷中踽踽獨行，無意中發現轉角的服飾小店竟然站著一尊千手千眼觀音，微笑的望著我，一時之間我熱淚盈眶，下意識的祈禱：菩薩請借我幾個眼睛幾隻手！我得看清楚做得多又好，請給我智慧！不知哪裡來的勇氣，我求菩薩把健康的媽媽還給我，我願意捐給建中全套牙醫設備，仁愛國小洗牙機（當時公保不給付洗牙，很多人因此沒注意，導致嚴重的牙周病），並且支持兩校往後的醫療。說也奇怪，當我與建中校方談妥捐贈事宜之後，媽媽當晚就不會再內衣外穿，十天左右恢復到可以照顧自己，慢慢的，可以照顧孩子、出去買菜，個性變得天真無憂。感恩菩薩收走她一生的憂愁。從此我對佛菩薩的慈悲沒有懷疑過，向道的心也從來沒有動搖過。

相應我的信心，菩薩始終陪伴著我。派了許許多多的貴人來協助，好同學呂國動醫師慷慨分享他診所的設計，並帶我四處參觀經營有成的其他診所及理念。因著我的病手，許多非常優秀的學長、學弟妹慨允協助口腔外科、牙周病以及較為困難的根管治療部分，張心涪一直以來都在教我比較不用手勁的矯正，讓診所成為一所完全牙醫診所。其中廖嘉士醫師一幫十八年，並且邀請我成為另一診所的伙伴，而口腔外科吳哲輝醫師則一直協助到現在。五弟帶著從前公公的工班幫忙裝修完成，並且沒有向他哥哥洩漏診所屋舍是我購買的事實（老公怕貸款），經商有成的好友廣漢平權充屋主，製作一份租賃契約以備外子察看。五弟是一位非常「頂真」的設計師，長遠著想，用的是扎實的木料與耐久的水管，配合我主張的樸素、安全的外表，處處是圓柱子與圓弧形的圓隔間與半隔間，刷牙室Ｘ光室當然都是圓的！淺淺的霧藍色如破曉時分的海洋，讓我心境平和，淡淡的粉橘色帶來絲絲溫馨，每個治療台對著一扇窗望向公園綠樹，舒緩工作中疲累的眼睛與病友緊張的情緒。五弟贊同我以中央真空抽引機（Central Vaccum）抽掉廢氣（美國研究機構多數有這樣的裝置），降低診所內懸浮粒子與病菌量的理念，設計在每個治療台上方天花板裝抽風機抽掉廢氣，再注入新鮮空氣。以保障病人與從業人員的健康。也就是ＳＡＲＳ時的所謂「準負壓隔離病房」。二十年來它們每四小時勤奮的工作著，從不間斷。因此診所沒有一般的藥水味，手術感染率很低很低，有雷射脈衝軟組織處理之後，幾乎是零了，連腫都很少。再添購瑞士診所專用空氣潔淨機，改用逆滲透壓水，讓空氣與水的品質更好。換裝超大威力壓縮機，在病友口鼻前加抽引罩，如廚房抽風機一樣，很快抽走病友鼻腔前的廢氣。醫師、助理戴著口罩，病友可是直接暴露在牙齒磨出來的髒空氣中。只是人力需求增加成本增加，我同時需要兩位助理協助。另外美中不足的是，老房子沒處走排氣管，它就像大蟒蛇一樣盤據在觀景窗上，好不容易才找到木工蓋起來美化它。Ｈ１Ｎ１之後，我請大家戴上頭套鞋套，診間更乾淨了。

當年硬體完成時，開銷很大，我必須很快站穩腳步。郵購的大理石白菩薩來了，迎門望著，我很歡喜。日日誠懇的祈請，請祂教我如何在周圍已近十家牙醫診所與三家醫院牙科的區段立足。那時我四十三歲，同學們教書的已經是副教授，開業如呂醫師已經安定。家與診所的壓力大到無以復加，賺錢是當務之急。可是我帶著美國加州牙醫執照回來，腦子裡對本業有一些想法；作為肝病研究者的太太，在首屈一指的美國ＮＣＩ（國家癌症中心）待過，常常經過封死的美軍二次大戰生物戰劑中心，對感染的管控也有一些見解，在在都是高成本。某日祈願時忽然有一個領悟，雙贏！「病人贏，我就贏了。」病人怎樣才會贏？治療牙疾是基本訴求，我要保護的是他們不知道的部分，提醒注意衛生，保障全身安全，不受其他疾病感染，這樣診所同時也有了特色。於是我細細檢視所有操作過程與機器、器械、針頭、鑽針，務必一人一套，列出必須是拋棄式或可重複消毒安全無虞的。如果消毒，該如何打包。先從開刀房、內、外科婦產科去找方法、用品。當時牙科沒有現在這麼夯，前輩們相對保守。我在一股信念支撐下，一點一滴的嘗試。或許見慣了老公try and error，我也讓自己做不同的嘗試。廠商很幫忙，到處找能用、不那麼貴的東西。我的算盤是一次購入大量器械，方便替換，壓低成本；盡量不買高貴機器。例如高、低速磨牙機，我買日本小廠出品輕便實用的，價格與重量都是德製的三分之一或更少，排唾器買台製外銷貨，價格更只是以千元計。捨棄昂貴的日、德原裝治療椅（台大訓練出來的醫師習慣用口製，我的第一台治療椅就是），改買台製甚至二手，價格也只是三分之一、五分之一或更少。器械包的封口機當然是買台製的等等。至於比較小的、個人化的，全程治療都見血的洗牙機頭、有時會深入骨髓的根管治療針則盡量請病人自備。診所沒有華麗的裝潢與廣告，唯有扎實的內涵，與推己及人的經營信念。我相信人在做天在看，菩薩那兒自有我的一本帳。

錢雖然不免捉襟見肘，左手進右手出，節省點日子也在過。媽媽的退休金、診所的互助會是我的周轉金，大哥也適時提供協助，好友鄭美蕊醫師更是從來不曾催討八百五十萬借款的本金、利息，較為遺憾的是失去了美國洛杉磯的房子。

後來做出口碑，《民生報》上門採訪，算是成功向國人推出「一人一機」的治療理念，對專業與恩師們有了交代。於今看到滿街都是一人一機的招牌，十分欣慰，希望同業都有確實做到每個環節並且精益求精，善盡牙醫的本分。

菩薩回報我非常大的幸運。外子台大教授升等表決前三天下午，我門診中。在國科會服務的老朋友劉秀真來電，問我可知台大腸胃科有一位 Dr. Sheu，美國期刊上提到他。「就是我家歐吉桑啊！」我答。她很意外，許字怎麼會是S起頭。我顧不得解釋，趕快問是怎麼一回事。她說，美國學界為台灣學者評定SCI（論文被全世界學界引用次數），過去的十年文理法醫工農學者們加總起來，這位 Sheu 醫師是第一名。我喜出望外，請秀真趕快影印給我好送審。外子默默做事，以醫院為家。但是醫療服務項目竟只有七十分，大家看過《白色巨塔》一書，不妨自行想像。這個突如其來的適時大佳音，一舉為外子戴上台大醫學系教授的桂冠。他開朗了，脾氣好多了，無限感恩。家，終於安定了。而日後肝病基金會的發展、好心肝門診中心的成立，許許多多善心人士的聚合，更是感謝菩薩的恩典，帶給肝病一族這樣大的福音。

後記　優先順序清單

腦筋清楚的人對身邊事物的優先順序十分明白，相對優柔寡斷者的舉棋不定，高下立判，一生能不能順利、成就，往往就在這兒決定了。

像我這麼平凡的人，也喜歡身邊有個表，做事要，買菜也要。非做不可的優先，做不到的放下；需要的一定買，想要的有閒有錢再說。吃喝玩樂愈簡單，對錢、人的依賴少了，人情欠得少，自然自在。正是簡單才能豐富，放下才能得到。例如我很喜歡下午茶的悠閒，三兩好姊妹歡娛交心，偏偏上的是午晚班，只好向眾家姊妹 Say No，合掌令歡喜；也很喜歡夫唱婦隨遨遊世界，但是天兵老公以「大禹三過家門而不入」為榜樣，牢記著「外戚不可以干政」，三十年來未曾攜我共赴國外開醫學會，也就祝福他有志竟成造福肝病一族。

自己則修枝剪葉一身輕的邁入登山路，委屈了孩子們一些，但是提早獨立也很好。也想有很多很多錢做許多許多善事，但是行醫沒有這個可能，就本著有錢出錢有力出力的精神，順服「人富由天小富由儉」的信條，敦請財力夠的朋友大力支持；念書時也很憧憬出國留學，但是不被媽媽許可，於是安分嫁個不出國的老公（那年頭台大醫學院要挑不出國、能包容我家境的還真不容易），守著家照護著媽媽，而孩子們就任憑他們振翅高飛。好奇寶寶的我慢慢習慣於忘記與放掉，人各有命，安心自在隨緣隨喜知足常樂是很大的幸福。人間事本來就沒有十全十美也沒有絕對的對錯，此一時彼一時呢。每個當下做的決定，是當時因緣聚合的產物，緣本性空強求不來，盡心盡力照優先順序抉擇就好。

我智慧不足能力不夠福報也少，小心翼翼做好決定後，不再回頭看。正因為慧、福、能不夠，一時不能做很多事，只能選擇一兩樣做，做了就憨憨做到底。千思萬想才做的抉擇，生命有限，當然不能輕易放了，以致前功盡棄，向菩薩借來的手肯定不能做白工。山不轉路轉，只要繼續走一定會登頂，即便是不登頂，沿途的旖旎風光也夠怡情養性。有心人的字典裡，「難」字只是偶爾出現的警語而已。

人生其實很簡單，緣起於無限感恩與祝福，終止於「嘸來也嘸去攏嘸代誌」（廣欽老和尚語），連感恩祝福都放了。聖嚴師父七七來入夢，引領僧眾踩著長排法鼓，任憑萬般呼喚，仍是頭也不回的消失在綴著黃菜花的青青草原。如此教誨，再清楚不過了。

LOCUS

LOCUS

LOCUS

LOCUS